AHRIMAN-Verlag
Unser Programm ist die
Wiederkehr des Verdrängten

Kerstin Steinbach

# Es gab einmal eine bessere Zeit…

## 1965–1975

*Die verhaßten Bilder und ihre verdrängte Botschaft*

**Bibliographische Information der Deutschen Bibliothek**
Die Deutsche Bibliothek verzeichnet diese Publikation in der Deutschen Nationalbibliographie; detaillierte bibliographische Daten sind im Internet über http://dnb.d-nb.de abrufbar.

Kerstin Steinbach:

Es gab einmal eine bessere Zeit...
1965–1975
Die verhaßten Bilder und ihre verdrängte Botschaft



3. Auflage 2014

AHRIMAN-Verlag GmbH
Postfach 6569, D-79041 Freiburg
Tel. 0761/502303, Fax 0761/502247
**www.ahriman.com**
Bestellungen per E-mail: ahriman@t-online.de oder
einfacher über den Warenkorb auf unserer Homepage.
(Bitte geben Sie bei E-mail-Bestellungen Ihre vollständige Postanschrift an.)



**ISBN 978-3-89484-816-3**

Gedruckt auf säurefreiem und alterungsbeständigem Papier.

Bestellungen an den Verlag werden innerhalb einer Woche bearbeitet.
Nichtantwort beweist NATO-Postzensur.
(In diesem Falle Bestellung per Einschreiben wiederholen – Lektion für fdGO- und Zufallsgläubige, ein Nachhilfeunterricht in Staatsbürgerkunde.)

# Inhaltsverzeichnis

# Zur 2. Auflage

So sorgfältig dieses Buch von der Presse verschwiegen wurde, so hartnäckig ist es inzwischen doch zu einem winzigen Prozentsatz seiner potentiellen Leser durchgesickert – in unserer Zeit des seuchenartig um sich greifenden sexuellen Elends, das über falsche Inzestprozesse, dann vom Presseunisono angefachten Kinderschänderwahn, dann die von den USA befohlene Erschwerung bis Kriminalisierung der sexuellen Aktivität der Jugendlichen und schließlich durch falsche Vergewaltigungsprozesse nach der Logik der Hexenjustiz, für welche die Namen Anand Jon und Kachelmann stehen mögen, verbreitet und gefestigt wurde, wenigstens ein Hoffungsschimmer, ein Mikroliter Gegengift. Aber mit dem Versinken der Vergangenheit wird die Erinnerungsarbeit hinter dem Sperrfeuer der Drohungen und Geschichtsfälschungen immer mühsamer; diese Dokumentation soll den von der geschlossenen gesellschaftlichen Gewalt bedrohten und eingeschlossenen Hirnen wieder ein bißchen Munition durch den Belagerungsring schmuggeln.

*Kerstin Steinbach*

## Kapitel 1

# Nackt – die verdrängte Provokation aus besserer Zeit und der lange Kampf gegen ihre Folgen

Nicht von Nacktheit allgemein und ihren unterschiedlichen bis entgegengesetzten Aspekten in allen menschlichen Gesellschaften und Entwicklungsstufen soll hier die Rede sein, auch nicht von ihren häßlichen und grausamen Seiten. Ich will mit diesem Büchlein vielmehr eine kurze, verdächtig schnell vom allgemeinen Gedächtnis verschluckte Menschheitsepoche in die Erinnerung zurückrufen und vor Verdrängung und Entstellung zu schützen suchen, die noch gar nicht so lange zurückliegt und so unvergleichlich besser und angenehmer, geistiger und würdiger, hoffnungsvoller und freier war als das neue Jahrtausend und die zwei Jahrzehnte zuvor. Schon lange haben die Jugendlichen von ihrer Existenz gar keine Ahnung mehr, und die sogenannten Erwachsenen üben sich in wortloser, aber prächtig eingespielter Verschwörung des Schweigens – die Zeugen dieser besseren Zeit sind über diese stumm wie die Steine, wenn sie nicht gerade auf Befragen ebenso irreführendes wie farbloses und zugleich ideologisches Zeug erzählen, und die **objektiven** Zeugen – Zeitungsbilder, Werbephotos, charakteristische Dokumente – sind gewöhnlich gut verborgen, modern seit der weitgehenden Abschaffung der Dachböden nicht einmal mehr auf diesen hin, kurz: sind unzugänglich, wenn irgend jemand in unserer trüben, verarmenden und gängelungsreichen Zeit herausfinden will, ob es wirklich immer so hoffnungslos wie in der Gegenwart ausgesehen hat. Es wird fast so schwierig damit wie mit der Welt vor der christlichen Nacht über Europa – und doch hat nach etwa tausend Jahren die staunende Entdeckung einsetzen können, daß es wirklich einmal etwas besseres, etwas freieres und klügeres gegeben hatte als diese, etwas, das jetzt »wiedergeboren« werden sollte; und die Renaissance beschaffte sich ihre benötigten verschütteten Dokumente durch eine eifrige Archäologie, die erste der Welt, im weitesten Sinne des Wortes. Dieses Büchlein soll zumindest die Zimmerarchäologie erleichtern, wenn irgendwo noch etwas zu finden ist.

Sowohl in der Renaissance wie in jener »besseren Zeit«, wie ich die Dekade von 1965 bis 1975 nennen möchte – sie ist nicht genau abzugrenzen und war auf jeden Fall eher kürzer als länger –, spielte die Nacktheit als deren Erkennungszeichen die auffälligste, subjektiv geradezu zentrale Rolle, auch wenn das aus den diskursiven, programmatischen Äußerungen beider Zeiten kaum hervorgeht – aber ihre Bilder tragen ihren sicheren Ausweis. Der Grund dafür ist bei der Renaissance unmittelbar zu erkennen: die ästhetische Überlegenheit der Antike über das endlich abzuschüttelnde Mittelalter dokumentieren am suggestivsten, schlagendsten und häufigsten die zahlreichen Statuen nackter Menschen, die im Gegensatz zu ihren kümmerlichen mittelalterlichen Parallelen absichtlich schön, selbstbewußt, behende oder wenigstens kraftvoll dargestellt sind. Dazu kommt die aus Gründen, die uns im nächsten Kapitel klarer werden, unzerstörbare Verbindung der Nacktheit mit der Sexualität – und genau deren Verteufelung im Wortsinne, die »Überwindung des Fleisches« usw., schließlich sogar eine wahre Besessenheit von Tod und Verwesung als Antithese dessen, was die Psychoanalyse Primärnarzißmus nennt, hatte den Grundton jenes allgegenwärtigen Mittelalters abgegeben, dem sich die Renaissance bewußt und bald triumphierend entgegensetzte. Wir überlassen dem Kulturhistoriker die Herausarbeitung der weiteren Facetten dieser antimittelalterlichen Signifikanz der Nacktheit in der Renaissance; kurz noch erinnert sei an den Fundamentalwert der **Neugier**, die sich jetzt auch des menschlichen Körpers bemächtigt, nicht nur ästhetisch, sondern auch wissenschaftlich, und mit ihr das jetzt hereinbrechende Goldene Zeitalter der Anatomie – heute wie damals in der gleichen Tonart angebellt von den gleichen gesellschaftlichen Kräften, als wären fünfhundert Jahre nur ein halber Tag –, die erstmals die soliden Grundlagen einer wirksamen, vom Zufallsfund zu Systematik und Verständnis fortschreitenden Medizin lieferte. Sie war wie Perspektive, Optik und Altphilologie ein Teil der endlich, nach der langen Nacht des Mittelalters, wiedererstehenden und diesmal noch weitaus robuster geratenen, heute wieder so angenörgelten Wissenschaft.

Das Michelangelo-Zeitalter und die von so vielen noch Lebenden erlebte kurze »bessere Zeit« hatten trotz ihrer leider so unterschiedlichen historischen Tiefenwirkung die fundamentale psychologische Gemeinsamkeit, daß sie Zeiten des **Aufatmens** waren: »Es ist eine Lust zu leben!« hat kein repräsentativer Geist seither mehr als Grundzug seiner Zeit angegeben, auch nicht unserer kürzlich verflossenen »besseren«, denn dafür blieb sie zu kurz und erfaßte viel zu wenige Teile der Gesellschaft. Aber die zupackenden, mutigeren paar Prozent derselben, großenteils ungebildete und schon daher keine Schriftspur hinterlassende Leute, empfanden dennoch ähnlich wie die kämpferischsten Renaissance-Humanisten. Wir werden noch mancherlei Belege kennenlernen, die ihr Lebensgefühl spiegeln. Es ist ganz natürlich, daß die Nacktheit als etwas Eroberndes, Vorwärtsdrängendes, Offensives, selbstbewußt Entdeckendes und mutig Ausprobierendes beider Epochen Erkennungszeichen und historisches Leitfossil wurde.

So wie die Meinungsfreiheit seit der Aufklärung und der durch sie ermöglichten erstmaligen Verwirklichung der Menschenrechte durch die Französische Revolution wenigstens als Schlagwort nie mehr wegging, auch wenn ihre historischgesellschaftlichen Grundlagen längst vermodert und ihre praktische Substanz weitestgehend erodiert war, so verließ die Nacktheit seit der Renaissance nie mehr ganz die Kunst, auch wenn ihre ursprüngliche Bedeutung längst verblichen und zerfallen war; eine Art geschütztes Phantasieeckchen, aus dem sie unter günstigen Umständen wieder herauskeimen konnte, hatte sie aus **jener** besseren Zeit seither bewahrt, eine Lizenz in deren Lieblingsmedium konservieren können, auch und gerade, wenn sie – immer und ausschließlich unter jenen oben oft beschworenen **angenehmen** und offensiven Aspekten natürlich, nur darum geht es hier – aus der Realität ganz vertrieben war. Wir wollen ihre verschlungene fünfhundertjährige Geschichte hier nicht nachzeichnen, es ist der falsche Ort, zumal die »bessere Zeit« aus jener Quelle zumindest direkt kaum gespeist wurde; aber wir sollten uns daran erinnern. Auch die »bessere Zeit« von 1965–1975 hat, so zerknittert, zerquetscht und pervertiert sie ausfallen, zähe und untergründige, durchaus substanzielle Nachwirkungen behalten, von denen niemand weiß, wie lange sie noch überleben werden und Gutes oder Schlechtes an sie anknüpfen wird, die Wiederkehr des Originals, am Ende als Durchbruch zu einer höheren und widerstandsfähigeren Stufe, oder irgendeine scheußliche Umfunktionierung. Die Geschichte enthält sehr oft mehrere Möglichkeiten. –

Ich hatte gesagt, daß die »bessere Zeit«, die noch viele erleben konnten, an die verflossenen fünfhundert Jahre zuvor nicht direkt anknüpfte, und das ist auch wahr. Dennoch konnte sie nur in dem von ihr geschaffenen Rahmen bestehen, und in **diesem** fühlten sich ihre Träger, historisch vielleicht für lange scheußliche Zeit zum letzten Mal, völlig selbstverständlich zu Hause. Denn die von der Renaissance (und damit dem erstarkenden oberitalienischen, bald auch französischen Bürgertum) für vorbildlich erklärte vorchristliche, sogenannt klassische Antike stand mit Rom für die neue und begeistert behauptete nationale Souveränität gegen die kirchliche Weltpest, jene UNO des Mittelalters, deren Friedenstruppen ihre verwüstende Blutspur durch Südfrankreich und das Baltikum zogen und deren Inquisitionsgerichte eine auf Westeuropa niedergegangene Splitterbombe aus lauter kleinen Den Haags waren; Griechenland und dessen kulturelles Zentrum Athen stand nicht nur für dasselbe wie ein von seiner besten Seite gesehenes Rom, sondern darüber hinaus für die Volkssouveränität, die Volksherrschaft (δημοκρατία) und in ihr und durch sie die Freiheit des Geistes und des Individuums. Auf diese zentralen Renaissance- und bürgerlichen Werte, welche die Arbeiterbewegung nur aufgenommen und nach Möglichkeit radikalisiert, aber nie verleugnet hatte, bauten sowohl die politischen wie die wesentlich zahlreicheren, aber amorphen unpolitischen Träger jener kurzen neuen besseren Zeit: daß man Abstimmungen nicht von oben zu manipulieren habe, empfanden beide gleich, die Regierung wurde noch keineswegs als ein wesenhaft wohlwollender und unersetzlicher Vormund des ewigen Kindskopfes Volk gesehen, der dieses zu den »richtigen«, d.h. das

System verewigenden Wahlergebnissen zu erziehen und ansonsten davon unbeeinflußt seine ach so notwendige Arbeit zu verrichten habe; ob die Aktivisten den in ihrer nationalen Selbstbestimmung von der zynisch jede Abstimmungsvereinbarung mißachtenden US-Aggression bedrohten Vietnamesen beisprangen oder reflexionsarme, jedoch erstmals individuell aufatmende mittelgroße Massen ihre persönliche, insbesondere sexuelle Selbstbestimmung einforderten und, da sie sie nicht widerstandslos bekamen, in mühselig errungenen Wohngemeinschaften und durch offengehaltene Zaunlöcher zugänglich gewordenen Baggerseen, bald auch Stränden selber erkämpften, geschah jedes Mal aus einem Geiste heraus, dem das authentische demokratische Empfinden noch keineswegs Hekuba geworden war, erwürgt von grinserisch glotzentreuem Knechtssinn, sondern so selbstverständlicher Ausgangspunkt jeder gesellschaftlichen Überlegung wie bei jedem Athener Vollbürger zu Lebzeiten des Perikles. Insofern bestand zwischen den besseren Zeiten zu Beginn und am Ende der Neuzeit durchaus eine Verbindung, und vom Gehalt her war ihr hier beschworenes Erkennungszeichen beide Male kongruent, angemessen und berechtigt.

Aber beim zweiten Durchgang barg es noch eine ganz andere Kraft: es kam nicht aus der Fiktion, sondern aus der Realität. Die Bilder schöner, junger, selbstbewußter nackter Menschen, die da auf einmal die Öffentlichkeit erreichten, waren, **weil** sie **öffentlich** waren, das Verbotenste vom Verbotenen, und wer auch nur ganz wenige Jahre vorher gelebt hatte, wußte, daß nur eine ganz massive, außergewöhnlich starke gesellschaftliche Kraft ihnen diesen Platz hatte verschaffen können; wenige Jahre zuvor hätte schon die kleinste weibliche Brustwarze Heere von Polizisten und ihren Aasgeiern aus dem Justizapparat danach mobilisiert wie heute von Schmierern und Pogromisten. Aber Büttel und Schmierer mußten sich bezähmen, eine unsichtbare Hand, eben der Wille des aufatmenden Volkes, repräsentiert freilich nur durch dessen aktivsten Teil, hielt den Staatsapparat zurück (der in den vorangehenden Jahren in mit Demokratenaugen sorgfältig beobachteten »Pornographie«-Prozessen vor allem gegen bedeutende Schriftsteller eine Niederlage nach der anderen erlitten hatte und jetzt noch auf Jahre hinaus in der Defensive steckte), die wenigen tatkräftig brandstiftenden und schmierenden Vorläufer unserer Feministinnen erwiesen sich als hartgesottene authentische Altnazis (wie z.B. Manfred Roeder), wurden im Gegensatz zu ihren NachfolgerInnen wegen Sachbeschädigung bestraft, in der Öffentlichkeit politisch völlig richtig diagnostiziert und damit aufgrund ihres durch Taten und Kriegsniederlage erworbenen schlechten Rufes hoffnungslos isoliert – in diesen Ruf wollte so schnell niemand kommen, auch kein Pfaffe, denn auch diesem blies trotz allen geretteten Reichtums an Besitz und Vorrechten zumindest ein Nebenwindchen ins Gesicht. Kurzum: das spätestens seit den »Mainzer Prozessen« von 1991 (siehe KETZERBRIEFE dieses Jahrgangs; es **war** eine Zäsur in der deutschen Geschichte) wieder lückenlos allmächtige »Prinzip Pogrom« war entmachtet und zusammengebrochen, der Staatsapparat wartete vorsichtig und unauffällig auf für ihn bessere Zeiten, die Meinungsfreiheit hatte ihr adenauerisches Grab verlassen, es war wieder eine Lust zu leben. Darum hingen, unvorstellbar für unsere Zeitgenossen, an den Werbeflächen unbeschädigt und siegreich gegen den in der Menschenmasse nur noch in abwartender Feigheit brodelnden Dreck Plakate wie dieses:

1973

Oder diese:

1974

1970

1969

1969

Und dieses repräsentiert die Werbung in *Zeitschriften*, welche ja in größerer Ruhe gelesen werden können:

1972

Oder dieses:

1970

Zugleich fanden sich auf den Titelseiten der meistgelesenen Wochenzeitschrift Westdeutschlands Photos wie diese:

1985

1971

Der ebenso angesehene SPIEGEL konnte nicht ganz mithalten, teils seines kleineren Formats wegen, teils, weil er als Intelligenzblatt galt und gelten mußte, um sich vom STERN zu unterscheiden, dessen Leserschichten sich mit den seinen ohnehin erheblich überschnitten. Umso bemerkenswerter sind diese seine Titelbilder – denn es mußte ihnen ja ein viel längerer und konsistenterer Artikel entsprechen als bei der Konkurrenz – hier nur eines:

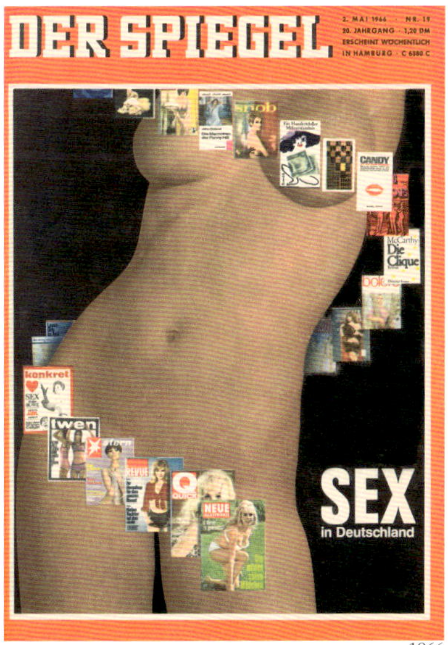


1966

Halten wir an dieser Stelle kurz inne. Die Besonderheit dieser Bilder, die mit oberflächlich ähnlichen unserer Zeit zu verwechseln schon eine freiwillige Hornhaut auf den wichtigsten Hirnwindungen erfordert, war ihre **Öffentlichkeit** – Plakatwand und Kiosk. Längst hat das »Prinzip Pogrom« wieder Kontrolle über die Plakatwände erlangt, längst konnten nachschleichende Regierungen, die ungeteilt in ausländischem Dienste stehen und ihre Wahlergebnisse von den Medien gemacht bekommen (inzwischen sogar, wenn sie ihnen wider Erwarten nicht passen, sogar verschweigen – die Ergebnisse der sehr interessanten unverstümmelten letzten Brandenburger Lokalwahlen erfuhr man z.B. ausschließlich aus einer winzigen »rechten« Oppositionszeitung), ohne sie durch eigenes Verhalten beeinflussen zu müssen oder dies auch nur riskieren zu können, auch an den Kiosken ihre heißgeliebte reaktionäre Sau herauslassen. Welche unerhörte Ermutigung, aufatmende Stärkung, moralische Unterstützung, ersehnte Festigung der angeschlagen kämpfenden eigenen Person diese **öffentlichen** Bilder an Wand und Zeitungsstand dieser Zeit vor allem Kindern und Heranwachsenden boten, muß man – wie ich – entweder erlebt haben oder sich vorstellen **wollen** – Hoevels, der eine etwas frühere Zeit repräsentiert, hat in seiner Kurz-Autobiographie ein verwandtes Erlebnis als »Lichtstrahl durch einen plötzlichen Riß in der Gefängnismauer« beschrieben. Das ist natürlich der Grund dafür, warum sich der Haß aller Feinde der Menschheit so massiv, ja eine Weile lang ausschließlich auf eben jene Werbe- und Titelbilder konzentrierte, der tollwütige Haß jener Kräfte, die den Riß in der Kerkermauer wieder schließen wollten und dies inzwischen ja auch geschafft haben.[1]

Es war die dem »Prinzip Pogrom« siegreich trotzende Öffentlichkeit, nichts anderes, welche die Befreiungskraft dieser Bilder ausmachte und sie zu unzerstörbaren Feldzeichen der bislang letzten, in der Geschichte so raren besseren Zeit machte. Die Nacktheit hatte ihre Schmuddelecke verlassen, den nicht ganz gut riechenden Winkel der Schwächlichkeit und der roten Ohren, die kaum mehr

1 

1968

Diese Bilder – die hier vorgeführten Belege stammen von 1968–1974 – hatten »berühmte«, weil in sämtlichen wichtigen Medien abgebildete Vorläufer, welche gewissermaßen als Mauerbrecher gewirkt hatten:

»Die nackte Petra« wurde als Plakat für Litfaßsäulen von der Filmselbstkontrolle zunächst nicht freigegeben. Privat erregte Petra das Mißfallen ihrer US-Freunde, weil sie ein Lenin-Bild in ihrem Wohnzimmer aufhängte
1967

erhoffte Offensive der Menschenwürde ohne doppelten Boden war überraschend und überrumpelnd eingetreten; die reaktionären Ratten waren vorerst in ihre Löcher geflüchtet und brauchten einige Zeit für ihre feministische Metamorphose. Die schönen Bilder verhießen dem Volk (und nicht nur seinem reichsten Prozent hinter dicken Villenwänden) ein schönes Leben. (»Marat, wir wollen auch mal versuchen / wie Rehrücken schmeckt und Sahnekuchen!« – auch die Rezepte der besseren Zeit waren und wurden besser, alte Illustrierte beweisen es, und die den Feinden der Menschheit so verhaßten Bilder sicherten die zu ihnen komplementäre Sexualität als Genußquelle statt als Ekelbad.)

Nun hatten diese öffentlichen Bilder gegenüber ihren Renaissancevorläufern und allen deren Nachfolgern eine Besonderheit, die sie jenen funktional haushoch überlegen macht: sie waren nicht gemalt, sondern photographiert. Das heißt, die darauf sichtbaren Personen existierten wirklich, man konnte ihnen grundsätzlich irgendwo begegnen, es war ihnen offenbar nichts passiert, sie lebten noch unbeschädigt und ungekränkt, kein giftiger Geifer für allmächtig gehaltener Monstren hatte sie versehrt noch versehren können, es waren Menschen wie Du und ich, und deshalb war der Umkehrschluß naheliegend, daß Du und ich auch eine ganze Menge anstellen könnten, womit wir nicht gerechnet hatten, solange die körperlichen Voraussetzungen gegeben sind. (Schon Montaigne war es aufgefallen, wie unvernünftig es ist, sein leidlich sicheres Leben der Sicherung eines Alters zu opfern, dessen Eintritt und Dauer selber höchst unsicher ist. Die Satire dazu in Gestalt der derart vergeudete Leben bestimmenden Devise: »Wenn ich wollte, könnte ich« ist sicher nicht zufällig in jener besseren Zeit entstanden, international zugänglich in einem ihrer besten und typischsten Filme.)

Kurzum: die schönen, öffentlichen Bilder jener besseren Zeit beeinflußten nicht nur das **Empfinden**, sondern auch das **Verhalten** ungezählter Menschen – so vieler, daß sie statistisch relevant zu werden schafften, allerdings nicht mehr. Vor der Schwelle blieben sie stehen, führerlos. Und da sie an der Schwelle nicht bleiben konnten, wurden sie wieder ins gewohnte Dunkel zurückgedrängt, wo sie bis heute sozusagen in Saurons Reich hausen und ihre Hirninhalte aus Seiner Glotze einflimmern lassen.

Bevor wir uns die Einzelheiten vergegenwärtigen, die immerhin nennenswerte Teile des Volkes an die Schwelle der sexuellen Humanisierung führten, und wie sie damit umgingen, ihre Chancen wahrnahmen und verpaßten, verharren wir lieber eine Weile lang bei dieser Momentaufnahme. Den älteren mag sie jetzt für sie praktisch nutzlos gewordene Erinnerungen freilegen, aber dadurch dem Rest ihres Lebens eine berechtigte Trauer statt einer viel unangenehmeren grundlosen inneren Unruhe und Unzufriedenheit verleihen, den jüngeren Hoffnung und vielleicht sogar ein Ziel geben. Stellen wir in dieser Absicht unsere Überlegungen zunächst einmal auf eine breitere, am besten biologische Grundlage.

## Kapitel 2

# Der nackte Primat

Seit es Kleider gibt, können Menschen nackt sein – sie sind es dann, wenn sie keine Kleider anziehen. (Vorher hatten sie einfach keine an, genauso wie Frösche, Wale oder Neugeborene.) Wir können zwar auch von Tieren sagen, sie seien nackt – nämlich dann, wenn sie eine der unsrigen ähnliche Körperoberfläche haben, also eine, die weder behaart noch befiedert noch beschuppt oder gepanzert ist; aber diese Redeweise hat fast etwas Metaphorisches. Und im gleichen Atemzug fällt uns auf, daß dies gar nicht so häufig vorkommt – zwar sind fast alle Tiere und Pflanzen im weitesten Sinne nackt, insofern sie keine Kleider tragen (nur die Einsiedlerkrebse und einige andere Krebse, die sich aktiv mit Algen bewachsen lassen, also wichtige Teile ihrer Körperoberfläche systematisch mit körperfremden Materialien überziehen, machen eine Ausnahme), aber als eigentlich nackt bezeichnet man nur diejenigen, deren Oberfläche der unseren ähnelt, d.h. die auf ihren Außenflächen anscheinend mehr *empfinden*.

Bei dieser Gelegenheit fällt auf, wie selten unsere näheren Verwandten nackt sind – kein einziger Primat außer uns ist nackt, und selbst unter den restlichen Säugetieren gibt es ganz verblüffend wenige, die in der Weise unserer Spezies ihr Haarkleid verloren haben. Und fast keine dieser nur sehr weitläufig mit uns verwandten Säugetierarten – Hausschweine sind Menschenwerk – lebt wie wir auf der Erdoberfläche! (Die Wale und ihre ebenfalls nackten Verwandten leben im Meer und in großen Flüssen oder Seen, die Nacktmulle unterirdisch.) Nacktheit scheint schon biologisch etwas im wahrsten Sinne spezifisch Menschliches zu sein, und deshalb hat der bedeutende Biologe Desmond Morris unsere Art mit gutem Grund als »Der nackte Affe« beschrieben.

Wie immer wir unser Haarkleid verloren haben – vielleicht durch gewisse Vorteile der Thermoregulation[1] –, dieser evolutionäre Vorgang hat eine bedeutende Empfindungs- und dadurch Verhaltensfolge gehabt, indem er einen neuen sexuellen Schlüsselreiz schuf. Dem Nicht-Biologen ist normalerweise unklar, welch zentrale und fundamentale Bedeutung sexuelle Schlüsselreize im gesamten Tierreich haben; denn sie alleine verhindern artübergreifende Paarungen, also besonders ungünstige Fehlpaarungen. Und das leisten sie normalerweise ganz verläßlich –

[1] Siehe z.B. FOLEY 2000, p. 102 (›Nackt und verschwitzt‹).

man sollte sich einmal vor Augen führen, wie relativ häufig sogenannte Perversionen wie Homosexualität und Päderastie vorkommen, wie selten jedoch die eigentliche Sodomie, d.h. wie wirkungsvoll die Schlüsselreize das sexuelle Empfinden und Handeln steuern.

Da die Nacktheit, egal wie entstanden, sehr bald die Funktion eines menschlichen sexuellen Schlüsselreizes angenommen hat, tue ich vielleicht gut daran, ein wenig über die Verbreitung von diesen Schlüsselreizen und ihren Zusammenhang mit der Artbildung für die Nicht-Biologen unter meinen Lesern zu erzählen (und dadurch ihre zentrale Funktion in der Natur zu verdeutlichen). Betrachten wir beispielsweise die Enten auf einem Teich! Ist er natürlich genug geblieben und außerdem Paarungszeit, so können wir zumindest unter den Erpeln auf einen Blick eine ganze Menge höchst unterschiedlich gefärbter Arten unterscheiden – und genau das können die Entenweibchen auch, denn nur ein ganz bestimmtes Färbungsmuster dieser Erpel (besonders am mittleren Außenflügel, dem sog. »Spiegel«) trägt für sie einen sexuellen Schlüsselreiz, wird also von ihnen als »schön« oder »attraktiv« empfunden. Alle anderen nicht! (Wir lernen dadurch nebenbei, daß Schönheit, anders als z.B. Masse oder chemische Zusammensetzung, keine Eigenschaft ihres Trägers ist, sondern nur eine **Wirkung** einiger seiner Eigenschaften im jeweilig geeigneten Empfänger.) So verhindern die sexuellen Schlüsselreize Paarungen zwischen Individuen, deren Nachkommen, wenn sie überhaupt ausschlüpfen und wachsen, benachteiligt wären; denn die verschiedenen Entenarten eines Gewässers haben bestimmte Ernährungsweisen optimiert, z.B. bestimmte Tauchtiefen und Nahrungsaufnahmen, und »mittlere« Individuen wären von beiden Seiten der Konkurrenz überlegener Spezialisten ausgesetzt, ihre eigene Nachkommenzahl tendierte also normalerweise nach einigen Generationen zu Null. Eine Ente, die zuverlässig auf den sexuellen Schlüsselreiz ihrer Art reagiert, entgeht dieser Konsequenz; ein Erpel, der ihn besonders deutlich zeigt, vergeudet nicht so leicht Zeit mit einer artfremden Ente, da deren seiner Art angehörige Kolleginnen ihn schon früher zweifelsfrei bemerkt haben und dadurch auf seine Balz eingehen. (Die ♀ Enten verschiedener Arten ähneln einander mehr als die ♂♂, wie erinnerlich, was seine biologischen Gründe hat. Sie können daher von Erpeln leichter verwechselt werden, wenigstens aus der Ferne, als umgekehrt – das macht nicht sehr viel, denn die *»female choice«* entscheidet im Tierreich. Jedoch könnte ein ♀ einem hartnäckigen artfremden ♂ leichter nachgeben, wenn dieses *wenig* ausgeprägte artspezifische Merkmale im Bereich der sexuellen Auslöser aufweist – mit schlechten Folgen für die Nachkommenschaft, wenn eine solche überhaupt zustande kommt.) Die Nachkommen aus diesen Paarungen – zwischen Männchen mit *ausgeprägten* spezifischen sexuellen Auslösern und darauf und nur darauf ansprechenden Weibchen – werden also mit der Zeit die einzigen Überlebenden der Art sein, die Ausbildung der sexuellen Auslöser daher ein

Maximum an Deutlichkeit erreichen – und eben dies ist auf unserem Ententeich geschehen.

Mit unserer Nacktheit dürfte es genauso zugegangen sein – nachdem sie einmal als sexueller Auslöser in Funktion getreten war, wurde unser Körperhaar außer an sehr wenigen festgelegten Stellen mit Sonderfunktion wegselektiert, bis schließlich der Ackerbau unserer Evolution als einzigem Lebewesen der Erde weitgehend ein Ende setzte. Aber unsere anti-äffische Nacktheit als wichtigster sexueller Fernauslöser, auch wenn sie nicht immer zur Perfektion gelangte, ist uns geblieben. Sie dient offenbar als wirksamster Filter möglicher gegenüber »unmöglichen« Sexualobjekten; sie aktiviert als erster von allen unseren Auslösern schon aus einiger Ferne sexuelles Interesse, ebenso, wie Behaarung (oder eine Hautkrankheit, Hautschädigung oder Pigmentstörung) es abschaltet bzw. sein Aufkommen verhindert; erst dann können sich die aus etwas größerer Nähe wirksamen, ebenfalls artspezifischen Auslöser bemerkbar machen und es je nach ihrer Beschaffenheit entweder weiter entfachen oder aber abklingen lassen.

So weit die menschliche Natur als Grundlage unserer Empfindungen; auch wenn sie oft als ideologischer Ausdruck durch diese oder jene Schrift geistert – gewöhnlich einer, die wieder einmal rechtfertigt, daß alles so sein muß, wie es gerade ist, so daß seit Marx und Engels die historische Linke eine Art Allergie gegen den Begriff entwickelt hat –, so ist doch überhaupt kein Begriff gegen Mißbrauch geschützt, und wir müßten darum alle sprachlichen Äußerungen einstellen, wenn wir nur mißbrauchssichere Worte verwenden wollten; überdies ist, nicht zuletzt über Jane Goodalls bahnbrechende Freilandforschungen, sehr viel mehr und sichereres über das Primatenverhalten und daher die Grundlagen unseres eigenen Verhaltens (und als dessen Fundament wiederum Empfindens) bekanntgeworden, so daß man sich, wenn man inzwischen ernsthaft über die menschliche Natur redet, keineswegs auf bloß spekulativem Terrain bewegt.

Vor ideologischen Tretminen, die darin von finsteren Mächten vergraben worden sein können, muß man sich natürlich trotzdem hüten.

Die übelste ideologische Tretmine, die in jedem Gedankengelände gelegt werden kann, das der Natur gewidmet ist, also allem, das ohne absichtlichen Eingriff besteht oder entsteht, ist diejenige, aus einem Sein ein Sollen zu fordern: **weil** ich an Infektionen sterben kann und am Alter sterben werde, **soll** ich das dann komischerweise auch. Gegen die Medizin, das definitionsgemäß unnatürlichste (weil absichtsgetragenste) von der Welt, kommt dieses absurde »Argument« bzw. dieser erzideologische Dreck vorläufig nur, wenn sie teuer wird oder mit der durchschnittlichen Lebenserwartung den Rentnerberg anwachsen läßt; im Zusammenhang mit der Sexualität kennen wir es alle noch viel reflexhafter – wie viele Jahrhunderte lang genügte (ob sachlich zu Recht oder zu Unrecht, spielt für die ideologische Reflexstruktur keine Rolle) das Wörtchen von den »unnatürlichen

Begierden«, um eine sexuelle Handlung oder ihre Träger blitzartig zu ächten und nachhaltig zu isolieren! In Wirklichkeit spielt das, was ist, überhaupt keine Rolle bezüglich der Frage, was wünschenswert ist, also sein **soll**, egal ob wir den körperlichen Zustand, das durchschnittliche oder individuelle Sexualverhalten oder eben, als Randbezirk davon, die gesellschaftliche Stellung der Nacktheit ins Auge fassen; aber auch die Wünsche selber sind mit unserer sonstigen Natur entstanden, wir können keine Wünsche außerhalb der Natur entwickeln, wir bringen sie vielmehr aus unserer naturgeschichtlichen Entwicklung als Selektionsergebnis mit. Ein natürlicher Prozeß hat dazu geführt, daß wir gesund sein **wollen**, nicht schmerzen, nicht stinken, nicht altern **wollen**, während andere natürliche Prozesse uns mit einem Organismus versehen haben, der unter Einwirkung bestimmter, oft unausweichlich scheinender Agentien dennoch genau dieses tut – und das ist der Punkt, an dem das Subjekt denjenigen Teilen der Natur, und damit erstmals prinzipiell der Natur überhaupt, den Krieg erklärt, die den einmal zu Existenz gelangten Elementen seiner Subjektivität, seinen Wünschen also, im Wege stehen.

Man kann das daraus ableitbare Programm, wenn es konsequent und universal entwickelt wird, **Humanismus** nennen; das entgegengesetzte wäre, wenn das Wort nicht schon verbraucht wäre, der »Naturalismus«, oder, in seiner auch heute noch am weitesten verbreiteten, ideologisch vernebelten Form, religiöse Unterwerfung (als antihumanistisches Programm könnte sie, da sogar das Wort »Theismus« verbraucht ist, »Theozentrismus« genannt werden). Denn eine dümmere Selbstgefälligkeit hat noch kein Tyrann seinen Schreiberlingen eingeblasen als »und sah, daß es gut war«; da das Genom die Körper, d.h. sämtliche Zellen einschließlich möglicher Neuronen und daher Persönlichkeitsträger, nur als Hülsen und Schläuche benutzt und nach Gebrauch wegwirft – wer hat eigentlich schon mal »die Wegwerfnatur« gegeißelt? –, stehen jene kleinen und klugen Religionen, welche Satan o.ä. zum Weltschöpfer machen, der Wahrheit sehr viel näher als ihre abrahamitische Konkurrenz. Doch auch das einzig mögliche Gute, d.h. alles, was uns gefällt, kann auch nur aus der Natur kommen, unserer eigenen, weil sie so beschaffen ist, daß mancherlei in ihr Gefallen auslösen kann, und der Natur der Agentien, die als Auslöser geeignet sind. Wir müssen nur aufpassen, daß ihr Einsatz nicht zu Folgen führt, die uns nicht gefallen; nichts anderes nennt Freud auf den Spuren Epikurs »Realitätsprinzip«. Das kühnste und beste mögliche humanistische Programm ist dessen kollektive und die Natur mit dieser Zielsetzung konsequent alloplastisch behandelnde Anwendung. Aber verlieren wir unser historisches Thema nicht aus den Augen!

Auch ein humanistisches (z.B. medizinisches) Programm kann nur erfolgreich sein, wenn es das, worein es mit seiner Zielsetzung eingreift, möglichst genau kennt. Die Natur – **jede** Natur, und daher auch jede ungeplante Gesellschaft – läßt sich nur bekämpfen (wenn die humanistische Zielsetzung das erforderlich macht), wenn man sie verstanden hat; denn nur dann läßt sich entscheiden, welche Mittel dabei Erfolg versprechen und an welchen Stellen sie in welcher Art einzusetzen sind – und auch sie können, bei aller so vielgestaffelten Bearbeitung hinterher, in letzter Instanz nur aus der Natur entnommen werden, setzen also ihrerseits die möglichst treffende und umfassende, daher auch illusionslose Kenntnis der Natur voraus. **Phantastische** Mittel erzielen nicht ihren Zweck; unsere Wünsche geben uns nur **Ziele** in die Hand, nicht **Mittel**. An der Natur vorbei läßt sich nichts erreichen, und das hat nicht das allergeringste mit einem Verbot oder einer Mißbilligung zu tun – ginge es doch, wie die Religionen behaupten, so wäre grundsätzlich gar nichts dagegen einzuwenden; aber andererseits kann eine gründliche Kenntnis der Natur einer unerschrockenen Vernunft zu ganz erstaunlichen Siegen gegen deren unseren Wünschen entgegenstehende Bestandteile führen. Die meisten Infektionskrankheiten wurden besiegt, die menschliche Lebenserwartung gegenüber der Zeit vor hundert Jahren derzeit verdoppelt – natürlich kann sie z.B. unter dem Druck der Überbevölkerung und des dadurch bedingten katastrophalen Schrumpfens der irdischen Reserven auch wieder absacken, der Glaube an einen prästabilisierten Fortschritt ist so kindisch wie an eine göttliche Vorsehung; aber ebenso läßt sich diese Bedrohung durch einen gezielten Eingriff auch abwenden (bzw. hätte sich abwenden lassen, wenn er rechtzeitig erfolgt wäre). Und noch sehr viel mehr ist möglich. Natürlich kommen an dieser Stelle gesellschaftliche Interessen ins Spiel, die die Geburtenkontrolle bzw. auch nur Zustände behindern, die sie, wie in den zu Wohlstand gelangenden Industriestaaten, ganz von selber hervorrufen, wenn sie nicht aktiv unterdrückt oder untergraben wird; schließlich schätzt kein Hausbesitzer Leerstand, keine Aktiengesellschaft eine Schrumpfung des Streikbrecherpools, und bevor es ihnen durch groben Mangel an den Kragen geht, sind viele Menschen erst einmal viele Kunden. So lange sie sich quetschen, ist auch ihre Stimmung nicht gut – und wer es wissen will, weiß aus der Geschichte, daß sie mit guter Stimmung sehr viel schwerer zu regieren und auszunutzen sind als mit schlechter; es soll durchaus keine Lust sein zu leben. Und so nähern wir uns, auf wachsendem Einsichts- und Kenntnis-Fundament, gerade wieder unserem Thema; denn die Voraussetzung für den gesellschaftlichen Einbruch der Nacktheit (in der besseren Zeit) war ja die verbesserte Stimmung, und umgekehrt verbesserte und stabilisierte diese jene im Erfolgsfall auch selbst.

Der Grund dafür, wie ein gesellschaftlicher Einbruch der Nacktheit resp. ein noch so geringfügiger Haarriß im Monolithen des Kleidungszwanges dieses auslösen – oder durch jenes ausgelöst werden – konnte, ist wiederum in der Affenhorde zu suchen, aus der wir stammen bzw. die unsere kollektive Existenz fortsetzt. Wir erinnern uns an unsere arttypische Nacktheit als diffusen, aber dafür, räumlich betrachtet, ersten sexuellen Auslöser; nun aber besteht bei allen neuronal auch nur ein wenig höher entwickelten Lebewesen eine infraspezifische Konkurrenz, deren unverrückbare Schwerpunkte Nahrungsaufnahme und eben Sexualität bleiben. Wer Eigenschaften hat, die ihn erfolgreicher als andere dazu bringen, seinen Artgenossen Nahrung (oft = Revier) und Sexualpartner wegzunehmen, der wird die Träger bzw. Verursacher dieser Eigenschaften, jene »Gene« genannten Makromoleküle, aus denen seine Chromosomen bestehen, auch mit höherer Wahrscheinlichkeit weitergeben als jemand, der sie nicht besitzt; einzig der Mechanismus der Rücksichtnahme auf mutmaßliche Träger möglichst gleicher Gene, Verwandte also, schränkt diesen Mechanismus etwas ein. Bei allen einzeln lebenden Tieren äußert sich dieses Selektionsergebnis der Jahrmillionen daher in Revierkämpfen (oder unmittelbaren Paarungskämpfen), bei allen gesellig lebenden in Rangkämpfen. Da eine Besonderheit der intelligentesten Affen (»Menschenaffen« und daher auch uns), die wohl erst auf diesem Wege so intelligent wurden, aber gerade dadurch diese ihre auffällige und folgenreiche Besonderheit auch festigten, in der ungewöhnlichen Instabilität ihrer hordeneigenen Rangplätze liegt, ist der Preis für die damit verbundenen Chancen, wie sie Makaken beispielsweise nicht haben können, die unablässige Bedrohung des schon erreichten Rangs, die stete Gefahr des überraschenden Angriffs von Artgenossen, die unaufhörliche Aktualität der hordeninternen Rangkämpfe. »*L'enfer c'est les autres*« – diese Sentenz kann jeder Pongide einschließlich der oft zu Unrecht von diesen nomenklatorisch getrennten Hominiden nur unterschreiben, und alle anderen Affen haben wenigstens eine Ahnung davon.

Der Kernpunkt dieser steten Bedrohung, jedenfalls der auffälligere von zweien, da an zentraler Selektionsstelle einsetzend, ist aber die sexuelle Konkurrenz. Wer also erkennbar als sexueller Konkurrent ausfällt, ist weniger bedroht. Infolgedessen entstand unter den intelligentesten Primaten ein Motiv, den Ausfall der eigenen, rangniedrigen Person als sexuelle Konkurrenz wenigstens **vorzutäuschen** bzw. zu **signalisieren**. Das ist der Grund, warum rangniedere Schimpansen im Gegensatz zu hochgestellten in der Horde sehr oft sexuelles Desinteresse vortäuschen (um dann in einem ungesehenen Winkel blitzschnell doch zu kopulieren, was die ranghohen Artgenossen nicht nötig haben). Es ist gut möglich, daß die erste Kleidung in irgendeiner Menschenhorde als Fortsetzung dieser Strategie entstand; als ein **Zeichen**, keine sexuelle Konkurrenz zu sein.

Grund dafür war vor allem das mulmige Gefühl, schon aufgrund seiner **Existenz** potentielle Zielscheibe infraspezifischer Angriffe zu bleiben, da diese Existenz sexuelle Konkurrenz erst einmal einschließt; ist diese also die naheliegendste Grundlage chronischer Bedrohtheit, so wird die infraspezifische Bedrohung bei der Empfindung eigener sexueller Subjektivität auch am stärksten empfunden, und ebenso bekommt die eigene allgemeine infraspezifische Bedrohtheit schnell und leicht einen sexuellen Akzent. (Bei freilebenden Menschenaffen, sogar bei den »friedlichen« Bonobos, finden sich immer wieder Individuen, denen die – männlichen, weil dafür besonders geeigneten – Genitalien abgebissen waren. Auch wenn es sich bei den Opfern oft um Hordenfremde handeln mag, die sozusagen im Krieg verwundet wurden, so zeigt uns das bekannte Beispiel Frans de Waals aus dem Gehege von Arnheim, in dem sich die »Untaten« des Schimpansen Yeroen abspielten, daß derlei sehr wohl auch im Rahmen der Rangkämpfe innerhalb der Horde vorkommt.)

Wenn dies so ist, so ist auch der Umkehrschluß richtig: läßt sich wahrnehmen, daß die eigene Person, deren Existenz gerade durch ihre Eigenschaft als Sexualsubjekt am schwersten zu bestreiten und am auffälligsten zu bemerken ist, aufgrund dieser Tatsache infraspezifisch **nicht** bedroht wird, ist also, insbesondere mittels der gewohnten Vorkehrung, *nicht* zur Verleugnung dieser Tatsache gezwungen **und erlebt dies auch**, so ist das daraus resultierende Gefühl der Erleichterung und in der Folge auch Ermutigung (die sich unspezifisch auf alle möglichen Bereiche ausdehnen kann), kaum zu überschätzen. (Die Psychoanalyse kommt von ihrem eigenen individualhistorischen Ansatz her zu praktisch den gleichen Ergebnissen.[2]) Sexuelles Subjekt zu sein und dadurch **nicht** die diffuse Aggression der Horde zu entbinden, ist zunächst einmal die wohl fundamentalste Befreiung von der tiefverwurzelten und ja nicht gerade aus der Luft gegriffenen, oben erklärten »sozialen Angst«, die normalerweise als stete Hintergrundsempfindung aller Individuen präsent ist, ihr Lebensgefühl bestimmt und ihr Handeln und Denken ängstlich und kümmerlich macht. Dies gilt ganz unabhängig davon, wie sich das genannte angenehme, normalerweise trotz seiner möglichen Intensität ja diffuse und unbegriffene Gefühl später weiterentwickelt, durch Gegenkräfte neutralisiert oder dem Gedächtnis entzogen wird; einerseits kann es, wenn nichts dergleichen vorfällt, eine ganz ungewöhnliche Stärkung und Entängstigung der Person bewirken, an die kaum etwas anderes heranreicht und die erklärt, warum viele Menschen für deren Herstellung ganz erhebliche Opfer gebracht haben, wie wir noch sehen werden – andererseits aber ist es gegen Störungen äußerst empfindlich und kann in diesem Fall mit äußerster Wucht in sein Gegenteil zurückschlagen, das bei **mit** sozialer Angst verbundener Nacktheit immer eintritt, in

[2] Der gesamte vielverschrieene »Ödipuskomplex« läßt sich als früheste subjektive Spiegelung der Hordensituation des rangniederen Individuums verstehen, wobei die Familie sozusagen das konzentrierte Modell der Horde abgibt, auch ganz real, wenn wir an die weitverbreiteten Scheußlichkeiten der mit genitalen Verstümmelungen oder deren Surrogaten endenden »Initiationsriten« denken, die weit in entwickelte Gesellschaften hineinreichen. So sehr diese »grausamen Rituale« gesellschaftlich organisiert sein mögen, von der *Familie* wird die willige Auslieferung der Kinder und deren vorbereitende Gehirnwäsche erwartet, und gewöhnlich zu Recht – fast immer stellen besonders gleichgeschlechtliche Elternteile für diese Kollektivverbrechen, ganz wie es uns Freuds Lehre erwarten läßt, die willigsten Vollstrecker in riesigen Scharen. Für unser Thema, also die Psychodynamik der Nacktheit, hat dies der Freiburger Psychoanalytiker F. E. HOEVELS (1984) besonders ausführlich und überzeugend herausgearbeitet.

ernsten Fällen schlimmer als jede Folter (wie das von KZ-Opfern und Folteropfern durchaus öfters bestätigt wird). Ein schwereres Vergehen gegen die – heutzutage so leichtfertig-lügenhaft und ideologisch-propagandistisch an den sachlich allerfalschesten Stellen beschworene – Menschenwürde ist gar nicht so leicht konstruierbar; wer ein Bild davon gewinnen will, möge sich die schwer erträgliche Szene des authentisch-realistischen Films ›Die unbarmherzigen Schwestern‹ anschauen – was gar nicht so leicht ist! –, in welcher sich die Nonnen in »lustiger« Weise über die körperlichen Eigenschaften mit Sexualbezug ihrer nackt vor ihnen aufgereihten Gefangenen unterhalten und diese auch direkt damit quälen. Eine bessere Möglichkeit, die seelische Integrität eines Menschen zu verletzen (zu »traumatisieren«), gibt es wahrscheinlich gar nicht, abgesehen vielleicht von gezielten körperlichen Verstümmelungen ebenfalls mit Sexualbezug; aber bei all diesen Scheußlichkeiten handelt es sich um **zielgerichtete Aggressionen Übermächtiger** gegen schwache Opfer, nicht um passive Erlebnisse unglücklicher Art ohne planend-zielstrebige Aggressoren. Sie wirken auch sicher sehr viel zerstörerischer als irgendwelche isolierten Übergriffe einzelner »böser Onkels« oder »Sexualverbrecher«, mit Ausnahme wirklich vollzogener Vergewaltigungen; denn diese vereinzelten Straftäter haben ja, wie dem Opfer normalerweise bekannt ist, die Gesellschaft (»Horde«) *nicht* hinter sich, sind *nicht* übermächtig. (Die echte Vergewaltigung scheint allerdings an die »feindselige Horde« anzuknüpfen, wird in gewisser Hinsicht als deren Stellvertretung empfunden – was sie z.B. in islamischen Gesellschaften auch wirklich ist und in der europäischen in noch gar nicht so lange zurückliegender Zeit ebenfalls war; sie dürfte an traumatisierender Kraft und daher Strafwürdigkeit ihrer Täter den oben geschilderten Übergriffen durch direkte bzw. sichtlich gedeckte »Hordenvertreter« gleichwertig sein.)

Man sieht: ein **sehr** ernstes Thema! Die Feinde der Menschheit, jene eben, die gewöhnlich die Gesetze machen, sehen das auch so – unser Thema entgeht mitnichten ihrer Aufmerksamkeit, sie mischen sich mit Eifer und Fleiß auch hier ein, kein Baggersee, keine Brustwarze ist ihnen gleichgültig, selbst wenn Zeitumstände sie manchmal zur Heuchelei von Gleichgültigkeit bzw. temporärer Reduktion ihrer Interventionsbereitschaft nötigen; es ist keineswegs nur Eigentum und Güterverkehr, Faustrechtsverhinderung und Landesverteidigung, was sie bei der Machtausübung beschäftigt: es sind ja genau die gleichen Klüngel und Kräfte, die jahrtausendelang (und, wo sie können und es ihnen in den Kram paßt, auch heute noch) Kindesmißhandlung und Ehegattenvergewaltigung schützten, Homosexuelle in den Tod trieben oder gleich erledigten, die RU-Pille und den AIDS-Hometest, nach Möglichkeit auch die Antibabypille von dem Volk fernhalten, die Religion vor Satire und lange Zeit auch Vernunftkritik schützen und ihr dafür von uns geraubtes Geld in riesigen Mengen in den Arsch schieben – und so weiter, **die** vernachlässigen keine »Nebenfront«!

Denn wenn die primatologischen Erkenntnisse der neueren Forschung solide sind, dann ist zu erwarten, daß unser grundlegendes Empfinden von der erdrückenden Mehrheit unserer behaarten Verwandten nicht sehr abweicht – es wird ja von ungefähr bis völlig den gleichen Genen hervorgerufen (bzw. von dem »in ihrem Auftrag« errichteten chemisch-neuronalen Apparat). Dann aber gibt es – ohne grobe und aufwendige Eingriffe – kein wirksameres Mittel, einen Menschen zu »brechen«, zu ducken, als Rangkampf-Verlierer bzw. eben resigniertes und lenkbares Glied der Gesellschaft festzuklopfen, als den Angriff oder den steten nagend-klemmenden Druck auf seine sexuelle Selbstwahrnehmung, sexuelle Subjektivität, sexuelle Unzerstörtheit. **Das** erklärt, warum eine naturwüchsige und daher ungerechte, ihre meisten Mitglieder mit vermeidbarem Leid und verminderten Glücksmöglichkeiten, ganz wie es in der Natur unvermeidbar ist, belastende Gesellschaft, also bisher jede, aber nicht notwendig jede, ein sehr großes, ja vorrangiges Interesse an sexueller Demütigung und Brechung ihrer – zumindest allermeisten – Mitglieder haben muß, da diese sonst die vorgefundene Rangordnung, die höchst zufällige und willkürliche Verteilung der weltlichen Güter und Befugnisse in Frage stellen würden – daher also die jahrtausendelang legalisierten Vergewaltigungen und Verstümmelungen, ihre Förderung oder Duldung, die besonders schreiende und stinkende Erniedrigung der Sexualität in faschistischen und diesen seelenverwandten Staaten, besonders klerikalen und pro-klerikalen. Zwar mögen die offensten und niederträchtigsten Erscheinungsformen der staatlich gestützten sexuellen Erniedrigung in den fortgeschrittensten Gesellschaften verschwunden sein, da die gewucherte Bevölkerungsmenge im Verein mit dem technischen Fortschritt in den Händen ihrer Aufseher und Gleichschalter echte, d.h. planvoll organisierte und dadurch erfolgversprechende revolutionäre Aktivitäten fast unmöglich gemacht hat, so daß die Brechung deren individuellen Antriebs weniger dringlich geworden ist; aber die **Tendenz** der Einmischung ändert sich nicht, *kann* sich nicht ändern.

Wenn das so ist, dann werden wir beobachten können, daß immer dann, wenn in der Geschichte die Kräfte der Finsternis ein Stück Boden verlieren und die kollektive Freiheit ein neues erobert, sich Vorstöße gegen den mit allen Konnotationen aus der späten Horde ererbten Kleidungszwang finden werden, um die Tendenz der Freiheit auch an ihrem letztinstanzlichen subjektiven Fundament zu prüfen – freilich erst dann, wenn die Lage sich einigermaßen stabilisiert hat und direkte Bedrohung durch äußere Feinde oder groben Mangel verschwunden ist. Und genau das können wir in der Geschichte auch beobachten, angefangen von der Renaissance mit ihrer virtuellen, aber dafür allgegenwärtigen zurückeroberten Nacktheit, als die Staaten Europas erstmals ernsthaft, aber dafür kraftvoll dem Würgegriff der Kirche und ihren kreuzfahrenden Interventionstruppen entrannen; die kurze Zeit nach der leidlich gefestigten Französischen Revolution, jenem ersten Sieg der authentischen Menschenrechte auf artikuliert menschenrechtsfeindlichem Territorium; der Weimarer Republik, bevor Hitler kam; und schließlich jener kurzen »besseren Zeit«, die ich oben zwischen 1965–1975 eingegrenzt habe. Sie wird oft einseitig als die Zeit der »Studentenbewegung« aufgeführt, aber diese war keineswegs die Ursache, sondern nur die recht unverbundene Parallelerscheinung jenes ihr auch zeitlich etwas vorangehenden, aufsehenerregenden Strebens nach sexueller Selbstbestimmung, das wohl ohne Übertreibung als die erste Massenbewegung in der Menschheitsgeschichte bezeichnet werden kann, die zielstrebig die **Humanisierung der Sexualität**, ihre Befreiung von den dumpfen Mechanismen der Affenhorde bzw. der naturwüchsigen Gesellschaft ins Auge faßte.

Obwohl diese Bewegung mit der etwa gleichzeitigen politischen Avantgarde nur sehr oberflächliche Querverbindungen aufwies, selber also, vielleicht zu ihrem Unglück, keine Artikulation ihrer Ziele leisten konnte, wirkte sie auf den herrschenden Apparat und erst recht die ihn tragenden Kreise zunächst noch viel beängstigender, weil sie von einem zwar diffusen, aber viel größeren Prozentsatz der Bevölkerung getragen wurde. Das »Prinzip Pogrom« versagte; anders als später hielt sich die Justiz auch gegen Plakatbeschmierer (erinnere Roeder!) an die Gesetze, wohl wissend, daß sie im entgegengesetzten Fall ihre momentan gefährdete Autorität noch weiter gefährden würde. Ohne innere Zersetzung der »sexuellen Humanisierungsbewegung«, wie sie vom zu diesem Zweck erstmals aufkommenden »Feminismus« ziemlich bald notwendig verrenkten Zungenschlags, aber zielstrebig betrieben wurde, hätte diese erfreuliche Rechtsstaatlichkeit, in ungerechten Systemen stets ein Schwächezeichen und Übergangsphänomen, sicher noch länger angehalten. Zum Ärger der Feinde der Menschheit hält sie durch dieses kleine Bißchen Erlebnisstabilität in verdrehten, verqueren, verstümmelten Ausläufern sogar bis heute noch an; und in richtiger Einschätzung des ungeheuren Wertes dieser unscheinbaren privaten Freiheiten für das zur Gängelung vorgesehene Individuum scheuen sie keine Mühe und List, sie auch noch zur Strecke zu bringen. Nicht nur manches abstoßende Bühnengeschehen, sondern auch die Hamburger Propagandaausstellung ›Nackt‹ mit Dutzenden synchronisierter Analog-Veranstaltungen in Dresden, Zürich, Emden, Frankfurt, München und sogar den USA beweisen das.

Hier, d.h. in diesem Buch, soll vor allem eine Empfindung dafür vermittelt werden, *was* es eigentlich war, das in den mit Macht und Vorrechten ausgestatteten Kreisen erst Bestürzung und Haß, dann aber einen zähen und geduldigen Strangulierungswillen hervorgerufen hat – gelingt es den **Bildern**, diese Empfindung auftauen zu lassen, so haben sie mehr geleistet als die beste Beschreibung und Argumentation. Denn sie verhindern unmittelbarer das Vergessen. Natürlich hat das durch mancherlei historische Faktoren ermöglichte kurze Aufatmen in der »besseren Zeit« auch andere Verhaltensweisen berührt als die Zwangsbekleidung, vor allem das eigentliche Sexualverhalten, das damals für alle, die klug waren und etwas Glück hatten, ein viel reicheres und intensiveres Erleben enthielt als heute oder vorher, und eine ziemlich tiefgreifende und erfreuliche gesellschaftliche Verbesserung ging von ihm einerseits aus und bildete andererseits seine soziale Grundlage: die inzwischen weitgehend gesicherte gesellschaftliche Gleichheit der Geschlechter[3], vor allem im entscheidenden Bereich des Berufslebens. (Getrübt wird diese echte Humanisierung der Gesellschaft allerdings durch den genau parallel verlaufenden Abbau der bürgerlichen Rechte für *alle* Staatsbürger, wiederum unabhängig vom Geschlecht – die Konsequenz kann nur lauten, auf der Basis der gefestigten Rechts- und vor allem gesellschaftlichen Geschlechtergleichheit die verlorenen bürgerlichen Rechte: Beachtung der Gesetze durch die Gerichte, Anwendung derselben statt Vergleichserzwingung zwischen Schädiger und Geschädigtem, Meinungs-, Religions- und Versammlungsfreiheit, Beachtung des Post- und Fernmeldegeheimnisses usw., um nur die wichtigsten zu nennen, mit Zähigkeit wiederzuerkämpfen – auch wenn die Zeichen der Zeit für sie gegenwärtig äußerst ungünstig stehen.) All diese Zusammenhänge seien also ausgeklammert oder nur dann erwähnt, wenn sie zum Verständnis der von den versunkenen Bildern repräsentierten Realität nötig werden sollten. Versuchen wir diese nun mittels des Netzes der überlebenden Bilder wieder an die Oberfläche zu ziehen! Immer, wenn uns dabei eine innere Stimme etwas über deren Banalität einflüstern will, können wir ja zu diesem Kapitel zurückkehren, das uns mancherlei über die Fundamente unserer Existenz klarmachen konnte, welche tiefer zurückreichen als alle Staaten und Gesetze, Götter und Religionen, ja sogar Kleider und organisierte (= »rituelle«) Verstümmelungen.

---

3

1975

Wenigstens **dieser** Rest der »besseren Zeit« blieb stabil – und bildete deren wertvollste Substanz und sogar Markenzeichen:

1975

Zu diesem sehr schönen Bild siehe auch cap. 6.

## Kapitel 3

# Risse im Bekleidungszwang – die »Baggerseebewegung«

Nach allem, was wir uns klarmachen konnten, empfinden alle Menschen Kleidung, sobald sie geschichtlich erst einmal entstanden ist, als äußerst angenehm in offen oder, wichtiger noch, latent bedrohlicher konspezifischer Umgebung. Ebenso aber verweist sie der Druck, Kleidung ganz unabhängig von ihren aktuellen Wünschen, scheinbar geradezu gewohnheitsmäßig, anzulegen, auf diese latente Bedrohlichkeit. Das erklärt das Interesse ungerechter Gesellschaftsordnungen an der aktiven Durchsetzung eines Bekleidungszwanges an den ihr Unterworfenen: denn so wird ihnen ihre latente Bedrohtheit immer wieder eingeschärft, längst bevor sie sich von deren Realität überzeugen konnten (zumal diese vielleicht nicht einmal hermetisch und ubiquitär gegeben ist). (Fakultativ kann die ungerechte und daher Unterdrückung benötigende Gesellschaft auch – abschreckende – Ausnahmen zulassen, genauso wie das ansonsten lückenlos totalitäre Christentum die in erkennbar niederdrückenden Verhältnissen gehaltenen Juden von seinem ansonsten absoluten positiven Glaubenszwang ausnahm; analoge Lücken ließen gewisse fernöstliche Zivilisationen in unserem Zusammenhang für Irre, Bettler u.ä. bestehen – nur in der Position gewisser indischer Asketen, besonders der konservativsten Jains, liegt eine echte gesellschaftliche Kompromißbildung mit individuellem Trotz bzw. unbewußten Selbstbehauptungstendenzen vor.)

Umgekehrt ruft dieser Zusammenhang aber auch den Wunsch **aller** Individuen hervor, egal wie unterirdisch er unter stetem, hämmerndem Gewalterleben und daraus folgender Gewohnheitsbildung auch geworden sein mag, das latente Bedrohtheitsgefühl zu durchbrechen, seine universale und lückenlose Berechtigung zu testen, das Erleben unbedrohter Nacktheit also zu suchen. (Viele Menschheitsphantasien weisen in diese Richtung, z.B. die christliche von der Ewigen Seligkeit, die zweifelsfrei den Wunsch nach dem Ende der innerartlichen mutuellen Bedrohung widerspiegelt und die deshalb ikonographisch hartnäckig immer wieder mit allgemeiner Nacktheit ohne jegliche körperlichen Mängel verknüpft wird, wobei das Befreiende daran gerade darin besteht, daß die Kleidung nicht mehr als fehlend, sondern – aufgrund der oben genannten und begriffenen Ursache – als nicht mehr nötig empfunden wird. Die rationalisierende Verknüpfung mit dem

Paradiesmythos bleibt demgegenüber sekundär und etwas an den Haaren herbeigezogen; für die Sache bleibt sie äußerlich und fakultative Zugabe.) Dieses Erleben und Empfinden bedarf auch unabhängig von der stets drohenden gesellschaftlichen, gewöhnlich staatlich organisierten Einmischung, deren Gründe oben skizziert worden sind, günstiger praktischer Voraussetzungen; je stärker Rangkampf bzw. innere Hordenkonkurrenz aktuell und mobil sind, umso schlechter sind sie – die Familie mit ihrer für das gesamte Leben weichenstellenden, dicht auf dicht drückenden und chronisch aktivierten interindividuellen Konkurrenz ist die ungünstigste und daher denkbar unbehaglichste Umgebung, die »einsame Masse« die beste.[1] Reaktionäre Wortführer der mit dem Ring durch die Nase im Kreis geführten Menschheit schelten und verteufeln diese deshalb, klügere Menschen entgegengesetzter Zielsetzung wittern dafür die in ihr verborgenen Chancen und atmen in ihr auf. Sie schätzen ihr Freiheitspotential, fühlen sich bei genügend

[1] Hier hatten in der »besseren Zeit« vor allem Popmusik-Festivals eine günstige, schützende Wirkung, manchmal auch selbstorganisierte, d.h. behördenfreie Volksfeste (letztes Bild: Schnappschuß von einer »Walpurgisnacht«; die ersten drei Bilder stammen von zwar kommerziell organisierten, aber das Publikum nur reduziert kontrollierenden Pop-Konzerten).

1970

1970

1971

1974

dicken Wänden wohl in der »Anonymität der Hochhäuser«, über die die Feinde und Kerkermeister der Menschheit zetern und quengeln. (»Freiheit gibt es nur im 5. Stock eines Pariser Hauses«, sagte einmal ein französischer Schriftsteller des klugen und daher schlechterer Zeit verhaßten 19. Jahrhunderts.) Denn »anonym« und »einsam« bedeutet in diesem Zusammenhang ja nur, daß die Hordenränge nicht festgelegt sind, da sie aufgrund der übergroßen Zahl anwesender Artgleicher, deren Zusammensetzung überdies ständig fluktuiert, auch nicht festgelegt und ausgekämpft werden können, »die anderen« also kurz darin innehalten, die Hölle zu sein.

Aus diesem Grund beginnt historisch der stets vorhandene, aber chronisch seit unvordenkbaren Zeiten niedergehaltene Wunsch nach eigener Nacktheit, sofern die eigene Person nicht durch körperliche Mängel einen unvermeidbaren Vernunftgrund gegen ihren Anblick in der Weise bietet, wie diätetische Notwendigkeiten den Genuß als solcher leckerer Speisen verbieten, genau an jener Stelle durchzubrechen, wo eine genügende Massenvergrößerung dieses zumindest fakultativ gegebene und dadurch modellhafte Rangkampf-Erlöschen ermöglicht und zugleich zufriedenstellende Versorgungsgrundlagen das sonst unvermeidliche erneute Gerangel bzw. die Wiederbelebung der erschlafften Rangelei überflüssig machen. Also beginnt eine entsprechende Gegenbewegung gegen den besagten gesellschaftlich organisierten Druck nach unbedeutenden Vorläufern erstmals in Deutschlands »Gründerjahren«, findet in den wohlhabendsten und am weitesten entwickelten europäischen Industriestaaten Parallelen, beschäftigt die Parlamente und erkämpft winzige, aber beispielhafte Freiräume, bricht endlich bei der Weltkriegsniederlage der alten Autoritäten mit zumindest erkennbarer Kraft zum Volk durch, ruft von dieser Position als Zeitdokumente Niederschläge in der Kunst hervor (z.B. die wegen ihres zielsicheren Aussagegehalts vernichtete Stelle aus dem Film ›Kuhle Wampe‹) und wird schließlich von der Dampfwalze des 3. Reiches, dieser heroischen Pionierphase unserer erst recht von einer imperialistischen Zentrale aus gleichschaltenden und die authentischen Menschenrechte zertretenden weltweiten Gegenwart, zermalmt.

Es soll hier nicht diese Entwicklung geschildert und dokumentiert werden; darüber gibt es Spezialliteratur. Ihre Reste überlebten und überleben stark ramponiert in der sog. FKK-Bewegung, die in zwiefacher Weise die Spuren gesellschaftlichen Drucks mit anschließender Deformation zeigt: erstens in ihrer lange Zeit ganz erheblichen Exklusivität – ein Hobby und Treffpunkt reicher Leute auf Klubgeländen, denn nur solche konnten sich den Freikauf der benötigten Grundstücke leisten –, zweitens ihrer sorgfältigen Entsexualisierung vor allem mittels organisiertem Sport (und unter Hitler und Adenauer auch jeder Menge Ideologie), der sie auch den verquastesten und lächerlichsten Bestandteil ihres Namens verdankt (»Kultur«. – Ein weiteres und sehr bösartiges, weil kinderquälendes Mittel der demonstrativen Entsexualisierung bzw. Sexualleugnung war der Einsatz des Inzesttabus zu diesem Zweck – die mitgeschleppten Kinder sind tief zu bedauern). Trotzdem ist den vielen und billigen Versuchen, sie pauschal lächerlich zu machen, die Bösartigkeit und der reaktionäre Ursprung leicht anzusehen (z.B. das einfach vom kläglich hohen Alter der überlebenden Aktivisten, deren früheres Leben vielleicht gar nicht so angenehm war, zehrende, von 2001 vertriebene Buch ›Nackt im Paradies‹), der einfach leugnet, daß diese Lächerlichkeiten und Mängel Gewaltnarben sind, genauso wie die in den ersten acht christlichen Jahrhunderten ganz heroisch fehlenden Missionsverbote der Juden und Parsen, die jetzt ganz zu Unrecht als für sie typisch gelten und von vielen ihrer selbst sogar für eigene Substanz gehalten werden; sie zeigen nur, wie platt ein Metallstück zwischen Hammer und Amboß werden kann, wie äußere Gewalt Minderheiten und Bewegungen bis in den Kern hinein verformt, so daß sie selbst bei wiedererlangter Freiheit nicht mehr zur ursprünglichen Gestalt zurückfinden, wegen welcher sie eigentlich verfolgt worden sind. Immerhin bot die grotesk gewordene FKK-Bewegung über den Umweg ihrer vielgeschmähten, aber sehr nützlichen »Konsumorientierung« in Gestalt einigermaßen angenehmer Feriendörfer dem massenhaft etwa 1965, wie eingangs beschrieben, nach der Hitler-Adenauer-Nacht über Europa wieder überraschend neuerstandenen Genuß- und Freiheitswillen des Volkes einige leicht erreichbare Asylstätten (vor allem vermittelt über die Firma ›Oböna-Reisen‹), in denen recht ansehnliche Prozentsätze desselben in Ruhe jene Erfahrungen und Empfindungen stärken und vertiefen konnten, die sie der organisierten Unterdrückung an Baggerseen (und ganz winzigen ähnlichen Fleckchen) schon überrumpelnd abgetrotzt hatten. Um das höchste Gut jeder modernen Herrschaft, nämlich den Glauben an den kommerziellen Charakter der »Medien«, nicht zu gefährden, mußten auch diese Kreide fressen und über den neuen Erfahrungsbereich zunächst ohne Häme berichten[2] – denn diese hätte ihrem Propagandaauftrag mehr als den neuen Privatfreiheiten geschadet, und, führerlos wie die Massen blieben, galt immer noch »Kommt Zeit, kommt Rat«.

[2] Damit blieb natürlich der »unpolitische« Charakter der zugefallenen, aber so unsicheren neuen Freiheiten gesichert, denn die gerade derzeit so vielbeachtete »Linke« hatte sich ja gründlich gedrückt. Die einzige Ausnahme einer politischen Gruppierung, welche sich sowohl überhaupt als auch ohne Hintergedanken für die Freiheit, nackt zu baden, einsetzte, war jene – liberale, nicht wirklich »linke« – Radikale Partei Italiens, welcher Europa, vielleicht die Welt, erstmals die so außerordentlich vernünftige und humane »Fristenlösung« (drei Monate) der Abtreibungsfrage verdankt. Dieses Dokument zeigt ihre speziell für diesen Zweck auftretende Parlamentskandidatin, welche außerdem die italienische Nudistenvereinigung repräsentierte, Anna Maria Martini:

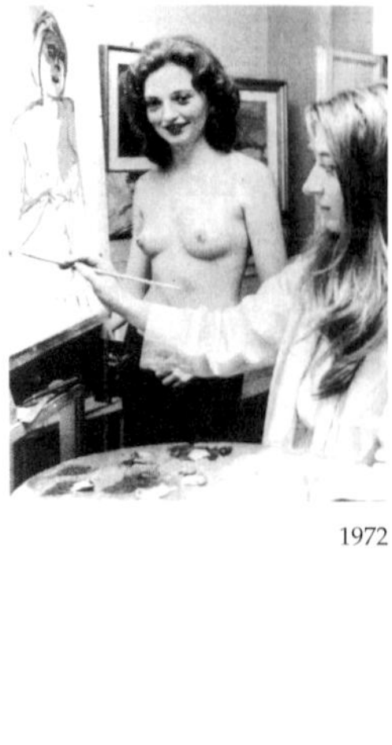

1972

Immerhin verbreiteten sich dadurch verstärkende Dokumente wie diese:

1971

„Metall"-Photo
„Öffentlich verbrennen"

1971

waren fast alle FKK-Strände ausgebucht

# Pack die Badehose weg!

Bräune ohne Streifen ist in diesem Sommer begehrt wie nie. Ob in Kampen oder auf Korsika, ob in Westerland oder in Valalta (Jugoslawien) – die Deutschen stürmten die Nacktbadestrände, und die Reisebüros konnten gar nicht genug Betten besorgen. Das ist erst der Anfang, sagen die Veranstalter. Die nackte Welle soll in der nächsten Saison noch weit höher schlagen

1972

1975

*Das bemerkenswerteste an dieser unscheinbaren Werbung ist ihre Selbstverständlichkeit – damals überall, heute überall »feministisch« verbannt und niedergeröhrt. Man stelle sie sich, wie gesagt,* ***heute*** *vor – den Unterschied zu den ekligen Kleinanzeigen wird man schnell herausgefunden haben... und damals nichts selbstverständlicher als jenes Reiseangebot! Die Weimarer Republik wird lebendiger erinnert als jene doch noch so nahe Bessere Zeit...*

1972

*Man bemerke die außerordentliche Gutartigkeit, Unbefangenheit und beinahe Naivität dieser Photos, die eine bessere Zeit der Verdrängung und Leugnung entreißen! Am interessantesten ist das Photo aus dem südfranzösischen Restaurant, das heute völlig* ***unmöglich*** *wäre: erstens, weil die vergnügten Menschen nackt sind, zweitens, weil sie sich freuen, diesmal wahrscheinlich sogar die Kinder (wegen der Anonymität, welche sie wohl die »Kernhorde« vergessen läßt –* ***dann*** *sind Kinder nämlich meistens sehr gerne nackt, aber* ***nur*** *dann. – Wie verläuft* ***heute*** *ein Urlaub – mit welchen Empfindungen und Gedanken? Andererseits: wenn diese, nämlich an den Arbeitsplatz und die Bosheit der Mitmenschen, fehlen, warum soll man dann in Restaurants in der Sommerhitze Kleider tragen?! (Anm. nach der Euro-Einführung: vielleicht, weil jetzt die Preise die Stimmung verderben!?)*

Daß diese und Hunderte analoger Überlegungen oder vielmehr: vager bis konkreter Phantasien und bisweilen auch individuelle Vorstöße und Experimente zu dieser Zeit im ganzen Volk umgingen, beweist vielleicht am besten die unscheinbare Serie ›Carola Mohn‹ im STERN, drei Verslein mit je einer Karikatur, die dafür aber unverdrossen und vor allem unverändert jahrelang an der wohlbekannten Stelle erschienen:

*Sternschnuppen*

Bald, so sagt man, gibt es Pillen,
die der Mann dann schlucken darf.
Doch ich frage mich im stillen:
Muß das sein, um Himmels willen?
Ich bin darauf gar nicht scharf.

Heute weiß man, wie man dran ist:
Du mußt schlucken ganz allein!
Doch wer garantiert, wie's dann ist,
wenn die Pille Not am Mann ist –
kann man dann noch sicher sein?

Gleiche Last scheint angemessen
wie die Lust bei IHM und IHR.
Aber sollte ER vergessen,
mal sein Kügelchen zu essen,
sind die Dummen doch nur wir.

Carola Mohn

1968

In die gleiche Richtung gingen auch andere Karikaturen.

Ihr Verschwinden sagt über die Glanzphase der besseren Zeit und ihre Datierung mehr aus als tausend »gelehrte« Berechnungen und Ausführungen, die in Kulturgeschichtswerken in grauer Zukunft gewiß nicht fehlen werden (und auch heute schon da und dort in Akademikerdeutsch und meist bösartiger Tendenz gefunden werden können). In der Zwischenzeit sollten Dokumente wie diese aus verschiedenen mehr oder weniger adäquaten Alltagssituationen des Volkes, nicht der herrschenden Klasse oder aus Inszenierungen, die Erinnerung kontinuierlich halten und dazu die

Beanstandetes Häuschen, Besucherin

1967

ub suchen das sexuelle Erlebnis. Wie die Liebesbeziehungen in de
ıussehen und wie sie ausgehen — da:

**»Meiner Tochter würd' ich das verbieten«**

1970

Werbung dafür und die gutartigen Kommentare, die besser als alle sonstigen Dokumente beweisen, daß Menschen auch an hohen Prozentsätzen **glücklich** und unbeschwert sein können (...wodurch wir zum nächsten Kapitel kommen):

1971

1973

1970

**Nacktsein macht die meisten glücklich**

Tatsächlich gehen die Novizen der nackten Welle nach dem ersten Ausziehen mit einem besonderen Wohlgefühl nach Hause. Dies vielleicht nicht nur, weil endlich ein unterdrücktes Urbedürfnis befriedigt wurde.

Alle Nackten sind gleich. Die von Hartman durchforschten US-Nackten – in der Mehrzahl Handarbeiter – sehnen sich sehr nach dieser Gleichheit aller. Zu den Dingen, die sie am meisten stören, gehört die Rassentrennung in den Nudistenarealen.

**Auf der nächsten Seite: Das Recht aufs Doppelzimmer**

1970

## Kapitel 4

# Das bessere Lebensgefühl in der besseren Zeit

Die Baggerseebewegung, ausgedehnt auf mancherlei Abschnitte der Meeresstrände und mit leichter Wachstumstendenz, hatte, wie beschrieben, eine Bresche in den Bekleidungszwang geschlagen, und die von der sogenannten Nacktkultur hinterlassenen Ghettostrände und Feriendörfer waren ihre *places fortes*. Zwar schleppten sie, die letzteren weniger, die Deformationen ihrer von der Geschichte gebeutelten Ursprünge noch mit, aber da jetzt ein größerer, ziemlich homogener Zustrom junger und genußwilliger Menschen sie aus purer Bequemlichkeit aufsuchte, teils, um lästige Wege zu vermeiden – Parkplatznot, man vergesse das nie!, war damals noch unbekannt oder unbedeutend, es **war** eine bessere Zeit, und Autos auch für Abiturienten bezahlbar –, teils um dem Zwang zum morgendlichen Anziehen, mit dem sich die repressive Gesellschaft diffus, aber pünktlich und wirksam jeden Tag wieder ins Gedächtnis bringt, zu entgehen: aus diesem Grunde und Zustrom also hatte sich die ideologische Belastung dieser sozialen Inseln doch sehr gemäßigt, die Alibi-Tennisplätze und ähnliche Einrichtungen standen ziemlich leer, und nennenswerte und sogar durch persönliche Attraktivität hierfür bedeutsame Teile des Volkes konnten die schon anderswo gewonnene Erfahrung kräftigen, daß den ganzen Tag lang ebenso wie alle Tage danach gar nichts Schlimmes eintritt, wenn man nicht bekleidet sein **muß** (und das daher auch gar nicht erst herbeiführt). Trotzdem war die angenehm erotisierte Empfindung, die sich an diesen Plätzen dann leicht einstellte, eigenartig matt; ich habe sie, allerdings einige Zeit später, selber mehrfach aus Bequemlichkeit aufgesucht, da ich meine Freunde und näheren Bekannten längst daran gewöhnt habe, daß ich in meiner – durch leidlichen Berufserfolg gottlob schönen und bezahlten großen – Wohnung jederzeit ohne Vorwand und Erklärung nackt sein kann und dabei weder durch lächerliche Streifen entstellt werden noch meine knapp bemessene Freizeit im Solarium vertrödeln möchte. Dabei fand ich zu meiner Überraschung die Tatsache, daß ich am Strand und auf den Garten-Bungalow-Wegen problemlos nackt sein konnte, gar nicht so durchschlagend angenehm wie das nackte **Einkaufen**, das ich mir, obwohl es, wohl aus Behördenschikanen heraus (denn sie wissen, was sie tun), im Gelände »eigentlich« nicht eintreten sollte, wie ungefähr ein Viertel der anderen Feriengäste **doch** gestattete; sehr schön hätte ich gefunden, wenn wenigstens *eine* Kassiererin auch noch nackt dagesessen hätte (aber sie **durfte** es eindeutig nicht).

Einkaufsbummel im Supermarkt

1972

*Dieses zahme Bild ist der einzige zeitgenössische Medienbeleg, den ich finden konnte – schon das Wort »Bummel« ist unpassend (und dadurch neckisch-blöd). Ich habe am analogen Platz mit Freude auf die kleine Hose verzichtet, und, wie gesagt, war damit wahrlich nicht die einzige Kundin, noch fiel ich sonderlich auf! (Auch damals waren alle veröffentlichten Bilder sorgfältig ausgewählt – zu selbstverständlich sollte die wohl von allen Menschen in ihrer Attraktivitätsphase heimlich oder bewußt gewünschte Alltagssituation nun doch nicht werden …)*

Ich kam darauf, weil ich ganz verblüfft über die angenehme und fast elektrisierende Wirkung auf mich gewesen war, als das örtliche Büropersonal, mit dem man an der Rezeption hin und wieder zu tun hatte, einmal etwa vollständig am Strand erschien; diese Menschen waren im Durchschnitt weder schöner noch häßlicher als die Hunderte anderer ebenfalls nackter Strandbesucher um sie herum, und trotzdem hatte ihr Anblick diese spontane Begeisterung aufkommen lassen. Warum all dies? – Näheres Nachdenken zeigte es bald: weil man für dieses Urlaubsgelände speziell **bezahlen** mußte, weil es trotz relativer Weitläufigkeit scharf begrenzt und sonderorganisiert, weil es ganz einfach »extra« und nicht normal war. (Die Berufstätigkeit der Rezeptionisten fundierte also ein Gegenbeispiel gegen dieses schale »Exzeptionelle«.) Alles, was an diese »Extra«-Situation erinnern konnte, dämpfte die Stimmung, alles, was sie vergessen ließ, hob sie.

So schön es nun war, »eroberte« und nicht etwa erkaufte und letztlich von Fremden und Übelgesonnenen (nicht den Besitzern oder Pächtern, sondern dem Apparat, dessen Geiseln sie bleiben) regulierte Gebiete nackt für Angenehmes nutzen zu können, so anstrengend blieb der latente Verteidigungszustand für die befreiten Zonen eben doch; die ertrotzten und doch immerhin nur von fern in einem der unzähligen Waffenstillstände zwischen Staat und Volk, aus denen die Gesetze entstehen, unter nur mäßig drückende Oberhoheit gestellten Gelände wurden bei allen stummen Mängeln willkommene und brauchbare Ruhe- und Erholungsräume von der latenten Verteidigungszone, ein gewisses angenehmes Erleben konnte sich in ihnen zumindest ansatzweise festigen, wenn es von aus unglücklicher Individualgeschichte mitgeschleppten Neurotismen und deren Selbstbestrafungs- und -verstümmelungstendenzen nicht zu sehr zerfressen und bedroht wurde.

Die auffälligste und bedeutsamste Stelle, die von diesem durch Erfahrung der Annehmlichkeit und Furchtlosigkeit, wo die Gesellschaft Peinlichkeit und Angst wünschte, erstarkten Lebensgefühl ausging, war natürlich zunächst die Sexualität. Von ihr, d.h. der Rückeroberung ihrer Verfügungsgewalt durch das Individuum, dem man sie jahrtausendelang mit Niedertracht und Gewalt entrissen und entfremdet hatte – bis hin zur legalisierten Vergewaltigung als Scheußlichkeitstiefpunkt –, war es dank Vollbeschäftigung und Anti-Baby-Pille ausgegangen, auf sie wirkte es jetzt kräftigend zurück. Sind alle bzw. beide Beteiligten nackt, so sind spontane sexuelle Handlungen, die erfahrungsgemäß am meisten Freude machen – sehr viele Menschen wissen, wie verblüffend schal eine sexuelle Vereinigung wird, wenn sie hinausgezögert wurde und dann doch noch zustande kommt –, ganz deutlich problemloser und unbelasteter, als wenn erst noch Kleider beiseite geschafft werden müssen. So besserte sich statistisch häufiger das sexuelle Erleben, und umgekehrt wurde da und dort, wo es vom Anlaß her nicht ausgeschlossen war, immer wieder ein Vorstoß gegen den Bekleidungszwang gemacht, entweder direkt oder mit dem Vorwand der Transparenz, die ja vom besagten Anlaß her gut zu vertreten ist.

**Badende Li-La-Le-Gäste**
Front am Bassin

1968

Beanstandete Faschingsmode auf dem Münchner Ball »Große Glocke«

1971

Barbusige beim CSU-Fasching im Münchner Bürgerbräukeller
**Der Wirt rief die Funkstreife zu Hilfe**

1969

Werbendes »Milchmaderl«
**»Hier san koa wilde Säu net«**

1969

Ebenso gab es Vorstöße im Bereich der seriösen Kunst, die damals noch, anders als heute, durch ihre Verbindung mit der die Selbstsicherheit und das Eigenwertgefühl stärkenden **Bildung** eine vorwiegend konstruktive Bedeutung für den glücklicheren Einzelnen und daher auch indirekt seine/ihre (in Dreiteufelsnamen und zum letzten Mal!) sexuelle Selbstwahrnehmung hatte.

Oben-ohne-Cellistin **Charlotte Moorman:** Zuhörer rasiert

1967

**Charlotte Moorman,** 28, Cellistin, wurde wegen eines »Oben-ohne«-Konzerts vor ein New Yorker Gericht gestellt, aber wegen »Unreife« freigesprochen. Richter Shalleck: »Ich kann mir nicht vorstellen, daß Pablo Casals je ein so guter Cellist geworden wäre, wenn er seine Laufbahn ohne Hosen begonnen hätte«

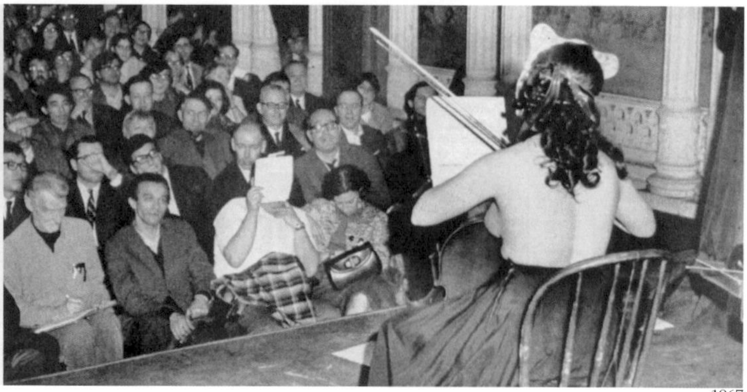

1967

Entblößt: Hundertwasser demonstrierte in der Münchner Galerie Hartmann und in einem Wiener Studentenheim gegen die funktionelle Architektur. Der Mensch hat drei Hüllen, sagte er, seine Haut, seine Kleidung und seine Häuser.

1968

Es sei hier noch einer weniger Prominenten gedacht, von deren Existenz und Mut nur dieses eine Dokument Kunde zu geben scheint; es muß übrigens ein Zufallsphoto sein, wie der Text zeigt (also keine mit der oder irgendeiner Presse abgesprochene Szene), denn sonst hätte das Photo jene Limpe Fuchs sicher nackt bei und nicht kompromißweise teilbekleidet **nach** der Vorstellung gezeigt. Was wird aus jener Fuchs wohl geworden sein? Meine Hochachtung folgt ihr auf jeden Fall ins Grab, auch wenn ihr Gedächtnis und Verstand inzwischen fritzteufelisch zerronnen und niedergerungen sein sollten...

**Guerillas im Show-Commerz**

Als Guerillas im Show-Kommerz betätigten sich progressive junge Akteure bei der Tournee von „Underground Explosion" in mehreren deutschen Städten. Aufsehen erregte bei diesen Veranstaltungen die

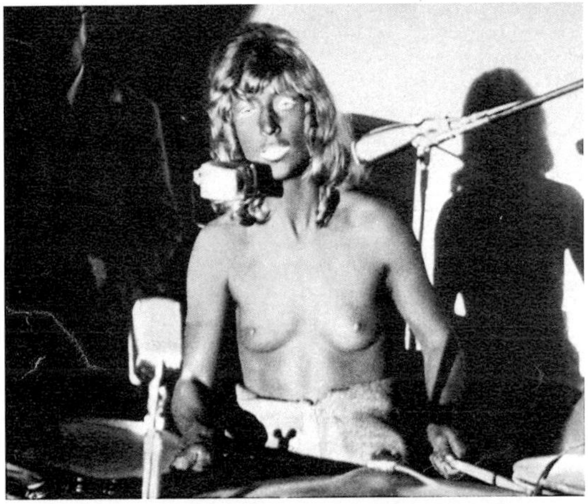

*Musiklehrerin Limpe Fuchs*

Münchener Musiklehrerin Limpe Fuchs, die — nur mit Schieferfarbe bemalt — schon bei der Premiere in München nackt ans Mikrophon trat und subkulturelle Arien ins Publikum schickte. Kölns Sittenhüter verfügten daraufhin — in Sorge um die Keuschheit der Domstadtbewohner —, daß die Underground-Darsteller zumindest „Schamgegend und Gesäß" bedecken müßten. Veranstalter Hans Peter Kochenrath versprach, der Ex-Schlagzeug-Studentin Limpe einen Lendenschurz zu kaufen und hielt's nicht. Die Free-Musikerin hüllte sich erst nach der Gesangsdarbietung in ein Miniröckchen.

1969

Es gab noch viele vereinzelte Vorstöße an unterschiedlichen und unterschiedlich geeigneten Stellen, alle waren vom gleichen frischen und furchtlosen Geist getragen, auch wenn die Presse sie zu veralbern suchte; ihre Drahtzieher wußten genau, welches unerwünschte Freiheitspotential da verborgen war.

**Elizabeth Marsh,** 24, löste während eines Hippie-Happenings in der ehrwürdigen Londoner Royal Albert Hall die Damenpreisfrage „Was ziehe ich an?" auf ihre Art: Sie zog sich kommentarlos aus. Ihre Nachbarn ließen sich dadurch nicht irritieren. Anwesende Bobbys hingegen waren von diesem neuen Modedurchbruch nicht ganz überzeugt und versuchten, die ranke Blondine zu bedecken. Der Versuch mobilisierte die **Solidarität** anderer Hippies. Sie entblätterten sich ebenfalls und schirmten die nackte Bahnbrecherin mit ihren Leibern ab.

1969

Leider blieben alle diese Vorstöße vereinzelt, unkoordiniert und vor allem unter der Decke eiserner, lückenloser Wortlosigkeit, Begriffslosigkeit, Diskussionslosigkeit; der trotz aller Lautstärke so tapsigen, unentschlossenen und unsäglich schwachen zeitgenössischen »Neuen Linken«, diesem bald giftig mutierenden oder *sehr* unansehnlich verwelkenden Eintagsgewächs, ist gerade auf dem Hintergrund ihrer sonst fast zu eifrigen, weil von zwanghaften Zügen durchsetzten Diskussionsfreude der schwerste diesbezügliche Vorwurf nicht zu ersparen. Es wäre **sehr** interessant gewesen, welche erfreulichen Folgen eine Ausweitung und Festigung der unerwartet, aber freudig errungenen, in Wahrheit noch so winzig eng begrenzten, aber durch ihren beispielbildenden Charakter wertvollen neuen Privatfreiheiten gehabt hätte; ein wenig bewußter und geplanter verteidigt und ausgebaut, hätten sie wohl mancherlei Gutes bewirkt – denn sogar heute noch halten sich ihre schäbigen Reste besser und folgenreicher, als den Kräften der Finsternis und des Unrechts lieb ist, bewirkten sogar eine leichte, nur durch importierte Schmutzkonkurrenz kompensierbare spontane Geburtenkontrolle, wo die Freiheiten leidlich stabil erlebt worden waren, und hätten ohne diese Gegenmaßnahmen eine spürbare Erholung der Natur und, durch wie nach Pestwellen und Kriegen steigende Löhne, auch Steigerungen des Lebensstandards mit sinkender Arbeitszeit bewirkt, Folgen, die bei lückenlos weltweiter Verbreitung ihrer Ursachen nur sehr schwer zu verhindern wären und auf lange Sicht das Leben **aller** Menschen (außer ein paar Pechvögeln, *such is Nature*) lebenswert machen könnten.

Aber bevor wir derlei Gedanken nachhängen, betrachten wir erst noch in aller Ruhe und Kontemplativität die Dokumente der **stärksten** und daher wertvollsten Stütze privater Freiheit und erweiterten Lebenswertes, die daher auch den größten Haß und die zielstrebigste Aggression der Feinde der Menschheit hervorrief.

## Kapitel 5

# Die Werbung der besseren Zeit: ihr Herz oder wenigstens Gefäßsystem

Jede Religion versucht, das Lebensgefühl der Machtlosen zu drücken, damit sie die Macht nicht kollektivieren wollen, ihre Bedürfnisse herunterzuschrauben, damit sie als Untertanen billig bleiben: das ist ihre soziale Funktion, nur dafür wird sie bezahlt und mit rechtlichen Extrawürsten versorgt, ohne die sie bald verkümmern würde. Der schnöde Mammon, die Lust der Welt (der »Welt des roten Staubes«, wie der Buddhismus sie tituliert), die Erlangung der so ungerecht verteilten weltlichen Güter finden niemals ihren Beifall und immer mindestens ihr leises Knurren. Unter einer sehr dünnen Rationalisierungsschicht schleppt auch die Linke das christliche Gerümpel mit, und so stößt eine Polemik gegen die **Werbung** bei allem Publikum, das sich von der Religion offen oder heimlich nicht lösen konnte, stets und leicht auf Widerhall und Mitmacher. Der böse Konsum, nicht wahr, obwohl doch alles Fleisch nur wie Gras ist – kann man da beim ersten Hinhören Pfaffen und pseudolinke Fanatiker überhaupt unterscheiden? Sogar der Warenverkehr als solcher ist beiden sehr suspekt: der oft wegen seiner Detailliertheit gerühmte »Handelsreport« Hesekiels über das ihm verhaßte Tyros ist ja nur von der Schadenfreude diktiert, die er empfindet, wenn er sich in den etwas voreilig prophezeiten Untergang der beneideten Handelsstadt hineinsteigert. Ebenso hat allein das Wort »Ware« in oberflächlich marxistischen, aber im Herzen kirchenverseucht gebliebenen Kreisen einen negativen, geradezu geheimnisvoll düsteren Klang: in der Welt des roten Staubes richten die für ihr Seelenheil offenbar blinden Menschen ihr Streben töricht auf den Flitter und Tand der Waren, statt kostengünstig an Das Ewige, Das Erhabene und Die Arbeiterklasse zu denken.

Nun hatte die authentische Linke, für die die Namen Marx, Engels und Lenin stehen, ganz andere und ernstere Sorgen als die Unterdrückung der Werbung, genauso wenig wie sie etwas gegen den Güteraustausch **an sich** hatte (Güter lassen sich nur als Waren austauschen, der Austausch definiert sie als Waren; alles andere wäre entweder **Verteilung** [lat. Dividende] oder **Beschlagnahmung**. Marx stellte sich für die Menschheit als »freie Assoziation freier Produzenten« das Dividendenprinzip vor). Gewiß mag die Werbung manchen armen Dummkopf dazu verführen, minderwertige oder kaum benötigte Dinge teuer zu kaufen und an viel günstigeren, aber weniger beworbenen achtlos bis naserümpfend vorbeizuziehen, sich manchmal sogar auf diesem Wege den Gerichtsvollzieher und das Elend auf den Hals laden, gewiß werden viele für das Linsengericht des ostentativen Konsums sogenannter Markenwaren, von denen sie ohne Werbung vielleicht gar nichts wüßten, das Erstgeburtsrecht ihrer Freiheit verschleudern und ohne Not als Mieter statt Hausbesitzer, reglementierte und kurzgehaltene Sozialhilfeempfänger statt selbstgesicherte Freirentner enden; doch all dies und derlei mehr sind »peanuts« gegen die Tatsache, daß die Enteignung fast aller Menschen von allen Produktionsmitteln, mit denen sie marktfähige Produkte herstellen können, deren Verkauf ihren Lebensunterhalt sichert, ihnen jede praktische **Freiheit** nimmt, da er sie **erpreßbar** macht und dadurch einem **Herrn** unterstellt. Würden Kleinbesitz und Markt nicht zu massenhafter Besitzlosigkeit und dem Megabesitz der Monopole führen – ein Prozeß, der jetzt weltweit dicht vor seinem Abschluß steht –, dann hätte die Linke gemäß ihren eigenen Voraussetzungen gar keinen Grund, etwas gegen ihn zu haben, das klassisch bürgerliche System wäre im Gegenteil das beste realisierbare aller Welten überhaupt, wenn es sich nicht nach seinen eigenen Regeln unweigerlich selbst zerstören würde, wie jeder weiß, der einmal Monopoli gespielt hat, dieses lehrreichste aller Spiele. (Daß der »Ostblock« seit Stalin nicht mehr die Ziele Marx' und Lenins verfolgte, zeigt vielleicht mehr als manches Sensationellere, daß dieses Spiel dort offiziell **verboten** war – d.h. die beste Demonstration des **einzigen** rationalen Grundes für die Errichtung des prinzipiell ja viel störanfälligeren kommunistischen Systems an Stelle des klassisch bürgerlichen – die Begründung war also gemeinsam mit dem Ziel verlorengegangen, nämlich der Kombination maximaler praktischer Freiheit mit maximalem durchschnittlichen Lebensstandard, und so konnten alle moralinsauren Schimmelpilze religiöser Abstammung und Funktion wieder auf der gesellschaftlich-doktrinären Oberfläche wuchern; freilich, **die** ökologische Nische hatte die Konkurrenz unvergleichlich besser besetzt, und so war die Folge unabwendbar.)

Da die Werbung, aufgrund der abschließenden Monopolisierung inzwischen übrigens im Rückgang begriffen und zunehmend durch Staatspropaganda ersetzt, unter den Bedingungen der Marktkonkurrenz das wohl auffälligste Mittel zur Beschleunigung und, von Firmenseite, eigennützigen Lenkung der Warenzirkulation ist (man soll ja nicht nur kaufen, sondern vor allem nicht bei der Konkurrenz kaufen), wird sie aufgrund der negativen Besetzung, die die echte Linke *wegen deren freiheitszerstörenden Folgen* mit der Warenzirkulation statt prinzipiellen Dividende verknüpft hatte, auch von der falschen Linken gerne a priori negativ besetzt, wobei der Ausgangspunkt vergessen wird, die religiöse Kacke wieder hochkommt und dementsprechend auch in den traditionell gleichgeschalteten Teilen der Bevölkerung ein wohlwollendes Echo auslöst. (Ich will gar nicht leugnen, daß stimmungs- und gefühlsmäßig auch Marx und Engels religiöse Eierschalenreste noch da und dort ankleben, aber sie bestimmen nicht ihre rationale Argumentation, beeinträchtigen sie nicht einmal oder nur sehr isoliert, das sollte aus ihrer obigen Kurzwiedergabe genügend hervorgehen.)

In **einer** Hinsicht ist aufgrund ihrer Funktion die Produktenwerbung jeder Religion und sonstigen Ideologie wesenhaft entgegengesetzt: sie muß an »weltliche«, d.h. angenehme Dinge anknüpfen, selbst wenn das Produkt, das es zu verkaufen gilt, als solches gar nicht so angenehm ist (deshalb gilt z.B. die Werbung für Unfallversicherungen traditionell als überdurchschnittlich schwierig); aber es muß mit etwas wirklich Angenehmem in Verbindung gebracht werden, auch wenn diese von der Sache her nicht besteht – nur die Herstellung der Kontingenz, wie der Psychologe das nennt, ist wichtig, d.h. die gleichzeitige oder unmittelbar aufeinanderfolgende Wahrnehmung der beiden Gegenstände, des zu verkaufenden und des angenehmen. Dazu sollte der angenehme auch wirklich angenehm sein, sozusagen nicht auch sein Licht von der Sonne borgen, also nicht seinerseits aus der – evtl. schon aus anderer Quelle voraussetzbaren – Kontingenz mit einem dritten, jetzt und jetzt erst wirklich angenehmen Gegenstand erhalten. Da die Tiere und die meisten Menschen den Aufstieg von der Kontingenz (bzw., von anderer Warte gesehen, Korrelation) zur Kausalität schwerlich schaffen, hat die dann nur noch mögliche Nutzung der Kontingenz einen extremen Selektionsvorteil und historisch bald nach der Entstehung des Nervensystems angefangen; ihrer Wirkung ist kaum zu entgehen, sie ist universal bei allen Tieren mit Neuronen, man kann sich auf sie verlassen. Genau das tut die Werbung, und sie tut es mit Recht.

Dazu müssen die positiven Kontingenzen, die sie mit dem Produkt zu verknüpfen hat, nicht nur echt sein, sondern die im jeweiligen historischen Augenblick auch wirksamsten; das erzwingt die Konkurrenz, solange es sie noch gibt. Sind sexuelle Wunscherfüllungen, an sich angenehm, z.B. mit dem Gefühl der Bedrohung verbunden, so sind sie als Verknüpfungsaufhänger ungeeignet; dies wäre bei sehr direkter Präsentation aus den schon besprochenen Gründen der aggressiven Hordenkonkurrenz immer der Fall, weswegen entsprechende Bilder entweder weit im Vorluststadium bleiben müssen oder die Störungsfreiheit der Situation nachdrücklich betonen müssen; letzteres leistete hervorragend die äußerst angenehme, in der heutigen veraidsten und verekelten Welt ganz unvorstellbare John-Player-Special-Werbung, äußerst angenehm deshalb, weil sie an die sehr guten Erfahrungen des sexuellen Experimentierens jener besseren Zeit anknüpfte. Leider habe ich bei den Forschungen für dieses Buch keine Beispiele mehr aufstöbern können; der Leser beschwöre darum einfach, neben dem für das Produkt notwendigen Aschenbecher, ein **elegantes**, normalerweise wohl **duftendes** zerwühltes Bett, neben welchem zarte und **elegante** Frauenschuhe stehen – wären Sie lieber diese Frau gewesen oder eine verheiratete Verkäuferin?! (Oder der dazugehörige Partner.) (Und dazu eben die Parole: »Lernen Sie jemand kennen [die

Besitzerin der Schuhe somit], der John Player special raucht!« – könnte fast zum Rauchen verführen ...).

Die durch Vollbeschäftigung und Nachwirkungen der faschistischen Kriegsniederlage bewirkte Angstfreiheit hatte, natürlich trotzdem nur auf dem Boden der Anti-Baby-Pille möglich, aber zugleich auch eben diese hervorbringend und sichernd, sexuelle Experimentierfreude und Genußwillen hervorgerufen; wie sind sie heute durch sexuelle Berechnung und Genußangst oder Genußhaß ersetzt! Die eng damit verwobene angenehme Nacktheitserfahrung spielte darin ebenfalls eine Rolle, vielleicht sogar die zentrale – man hatte den Eindruck, die dazugehörigen, in der Tendenz ernsthaften normativen Reflexionen, von keinem einzigen repräsentativen Stichwortgeber aufgegriffen, beschäftigten trotz aller eigentlich politischen Fragen die Köpfe des ganzen Volkes mindestens fünf Jahre lang mehr als **alle** anderen. Die wohl nachhaltigste positive persönliche Erfahrung mußte nach den Gesetzen der Konkurrenz von der Werbung genutzt werden, und sie wurde es auch.

1973

*Hier wird offensichtlich eine Phantasieszene realisiert – aber eine damals dicht vor ihrer Verwirklichungsmöglichkeit stehende. Bemerkenswert ist die »Kultiviertheit« als Aggressionsschutz.*

1974

*Dieses (damals sehr erfolgreiche, wiederholt abgedruckte) Bild ist deshalb besonders interessant, weil es an dem Gedanken der* **Arbeit** *nagt. Die angenehme Phantasie, sie* **nackt** *auszuüben, negiert deren »Entfremdung«, d.h. zunächst Befehlsgewalt und Entlaßbarkeit – sonst* **wäre** *sie nicht angenehm. Zwar wird sie durch Aufhebung dieser beiden unmittelbar als drückend empfundenen Elemente noch lange nicht schöpferisch (»selbstbestimmt« im Sinne von Marx – in diesem Fall gäbe sie auch keinen Anlaß zur Erotisierung des Empfindens, dafür lenkte sie dann von jenem viel zu sehr ab), aber sie wäre wenigstens – und das gälte für die Alltagsarbeit auch in der besten Gesellschaftsorganisation immer – gesicherte, ruhige* **Routine**. *Und schon* **das** *könnte* **sehr** *angenehm sein…*

1971

1971

1970

*Hier sind es dagegen einige Realszenen – aus dem Lebensalltag der damaligen etwas besser Verdienenden (man ermesse auch das seitherige Sinken des durchschnittlichen Lebensstandards). Bemerkenswert ist die Idee des **genutzten** Schutzes des Privatlebens als Werbebasis – und dieses Privatleben wird **nicht** in Phantasieräume oder ins Ortlose projiziert. Man bemerke übrigens die Anspielung auf das Grundgesetz – eine Jalousie plus Eigentumswohnung scheint also wirksamer als dieses zu sein.*

1971

*Hier ist die sexuelle Störung und vor allem der Wunsch, sie ein für allemal abzustellen, direkt ausgesprochen und wird beherzt ermutigt; die gehässige Störerin bleibt eindeutig lächerlich, verachtenswert und abhängbar, wird keineswegs zur Heldin des Feminismus mit der Alice-Schwarzer-Nahkampf-Spange verklärt.*

1973

*Lesen Sie den Text einmal **genau** – könnten Sie ihn sich heute ebenso vorstellen? – **Wie** man die Freiheit vor Einmischung erzielt, ist eine gesellschaftliche Frage – die weltweit wieder einheitliche Gesellschaftsform bietet dafür nur das Kleineigentum –, aber sie muß ohne Wenn und Aber das einzige Ziel, die einzige Norm der gesellschaftlichen Konstruktion sein.*

Und dies galt nicht nur für die eigentliche Werbung; die Titelbilder der Illustrierten, welche zwar nicht eigentlich für diese warben, aber ebenfalls ihren Kauf bewirken sollten, verbreiteten die gleiche ermutigende Botschaft:

1972

1973

1970

1970

Der STERN ist hier ganz besonders zu nennen, denn er war (und blieb) das Blatt der »aufgeschlossenen« Hälfte des Volkes, also derjenigen Menschen, die sich als »linksliberal« bezeichnet hätten, beruflichen Aufstiegswillen und intellektuellen Anspruch besaßen und weniger dumm und mit Schuldgefühlsgrundierung gierig (NEUE REVUE) oder verklemmt und tendenziell sadistisch auf unverdiente, aber verstaubende und in Wahrheit langfristig erodierende Besitz- oder Familienprivilegien pochend (BUNTE) waren als ungefähr die andere Hälfte des Volkes. Entsprechend ermutigend und anregend sind diese Titelbilder ausgefallen, ihnen fehlt das »lüstern«-geistfeindliche, verborgen aggressive und verklemmte der NEUEN REVUE oder gar PRALINE, sie strahlen vielmehr Selbstbewußtsein und Genußwillen, sogar Übersichts- und Selbstbehauptungswillen, in letzter Instanz vielleicht sogar hin und wieder bürgerlichen Öffentlichkeitswillen aus: die abgebildeten Frauen – tatsächlich fast immer nur Frauen, aber auf diesen Punkt kommen wir noch zurück – erscheinen als vollwertige Subjekte und daher auch sexuelle Subjekte. Dazu paßt, daß sie in gar nicht so wenigen Fällen auch keine Namenlosen waren, sondern Spitzenverdienerinnen hauptsächlich aus Film und Unterhaltungsmusik, denen das Posieren für das Photo offenbar Spaß gemacht hat. Die **davon** ausgehende Ermutigung war erheblich, sehr zum Ärger aller Kräfte der Finsternis.

Denn STERN und Plakatwerbung sind eine **Autorität**, sind »Starke Sender«; sie sind mindestens halbstaatliche Unternehmen, denn der Staat lizenziert und kontrolliert die Kioske (von denen jetzt sogar, von staatlicher Hand inzwischen im Dunkel erwürgt, sogar die mäßig attraktiven, aber immer noch wenigstens ein bißchen pervertierte und stockfleckige Restfreiheit ausstrahlend, Titelseiten der »Schmuddelblätter« verschwunden sind – anscheinend duldet der Staat neben jeder ins gesellschaftlich-juristische Gipsbett gelegten Erpresser- und Ekelsexualität nur noch die unvermischte Prostitution, diese freilich wuchernd und mit Wonne), *er* schützt oder unterdrückt die Litfaßsäulen und Plakatwände. Damit aber hatten die Bilder aus einer besseren Zeit eine Vorbildfunktion: sie belegten **Straflosigkeit** für sexuelle Selbstachtung und Offensive, für erfolgreiche Abschaltung und Niederlage des inneren Drohgezischs (der klassischen Psychoanalyse als »Überich« bekannt und ins Zielfernrohr gerückt, nicht mehr natürlich ihrem gegenwärtig allein existierenden, im Bottich der Anpassung stinkend vergorenen Verbalabhub). Dabei erhielten sie gegenüber allen entfernten Vorläufern aus dem 16. und 19. Jahrhundert eine ganz neue Qualität, die ihre Durchschlagskraft sprunghaft steigerte. Erstens waren sie als von anderen Zwecken entlastete bloße Werbeträger naturgemäß ziemlich bis völlig ideologiefrei – im Gegensatz zu mancherlei »linkem« oder gar »feministischem« Geschwätz mochten sie sich an gerade in den Köpfen befindliche Ideologien **anlehnen**, wobei sich die eigentlich scheußlichen gerade erst **nach** bzw. vor der besseren Zeit ebendort befanden, zur Anlehnung also damals ziemlich ungeeignet waren; denn es ging und geht ja bei der Werbung, anders als der vom Volk zwangsbezahlten Regierungspropaganda, nur ums Verkaufen, für ideologische Zwecke oder Nebenzwecke ist sie ohne wohlfeil erpreßte Steuergelder einfach zu teuer, und da müssen die beschriebenen psychologischen Mechanismen optimal und ohne Nebenfracht für den einzigen vorgegebenen Zweck genutzt werden. (Ist dagegen eine Ideologie erst einmal massenhaft im Volk, etwa Antisemitismus oder Sektenhetze, wird sich die Werbung an sie, wie öfters schon geschehen, anlehnen – »Sind Sie sicher, daß Sie kein Sektenopfer/kein Judenopfer werden können?« – Juden und Sekten wollen ja nur »Ihr Geld«.)

1996

1998

– »Das vertrauliche Telefon hilft! Passugger, die Quelle der Wahrheit« –, genauso gesetzmäßig, wie sie sich bei anderen Voraussetzungen an einen entsprechenden Freiheitswillen angelehnt hat und bei dessen Wiederkehr wieder anlehnen würde, hat sie sich diesmal an das Niedrigste im Menschen, den gerade staatlich so geförderten Denunziations- und Vernichtungswillen gegen selbstbestimmungsverdächtige Schwache angelehnt. Keineswegs jedoch will sie auch nur ein Fränkli in die Verbreitung von Antisemitismus, Sektenhetze oder Freiheitswillen stecken, sie will ausschließlich Passugger Mineralwasser verkaufen, und in **diesem** Sinne ist sie un-ideologisch, das jedoch verläßlich. (Für die Presse gilt, nebenbei, seit etlichen Jahrzehnten das Gegenteil, da ihre verkauften Exemplare für ihre Einnahmen nur eine indirekte und untergeordnete Rolle spielen; es ist das höchste

Gut der Herrschenden, daß das Volk sie für etwas ähnliches wie alle verkäuflichen Gebrauchsgüter bzw. die Werbung für eben jene Dinge hält, ein höheres Gut inzwischen als jede Religion oder sonst noch ihnen nützliche Ideologie.)

Zweitens aber handelte es sich bei den der Produktenwerbung dienenden Bildern aus der besseren Zeit um **Photos**, d.h. die darauf sichtbaren Personen gab es mit Sicherheit **wirklich**; wir haben oben schon die Bedeutung dieser Tatsache erörtert. Sogar der stärkste aller Sender, das Fernsehen nämlich, mußte in der Besseren Zeit um des Höchsten Gutes willen Kreide fressen und gute Miene zum seinen Hintermännern (den Fernsehräten – man gucke sie nur einmal an, schon die Funktionärsherkunft dieser fdGO-Zombies erregt Ekel) sehr verhaßten Spiel machen; es war noch nicht allmächtig, sondern erst auf dem Wege zur Allmacht, und da durfte es die Freiheitlichkeits- und Toleranzmaske nicht scheuen, wenn es jene Allmacht ohne Verzögerung erreichen wollte. Das Ergebnis waren dann viele kleine Ermutigungen wie diese:

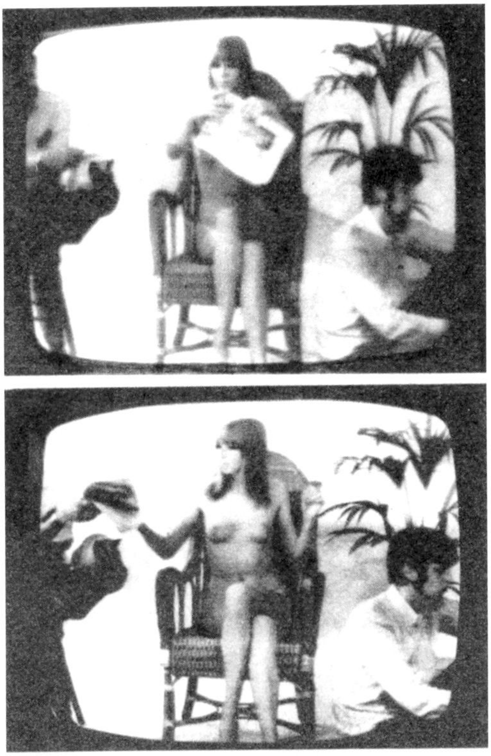

**Bürgerschock: Phil Bloom im holländischen Fernsehen**

1967

**Nackt für Kinder**

Neue Medien werden in Dänemark bei der Sexualerziehung erprobt. Speziell für Kinder zeigte das dänische Fernsehen ein Nacktballett. Die Choreographie war bewußt darauf angelegt, die Tänzerinnen und Tänzer in Hautkontakt zu bringen. Wie das dänische Fernsehen dazu erklärt, liegt der Sinn der durchaus erotischen Ausstrahlung darin, in den zuschauenden Kindern ein unkompliziertes, natürliches Verhältnis zur Nacktheit zu fördern.

Ballett-Szene aus dänischem Kinder-Fernsehen

1972

wobei ich nur die meinem subjektiven Empfinden nach nettesten Beispiele aus unzähligen herausgesucht habe (merkwürdig, daß es keine deutschen sind – aber finden Sie heute mal was entfernt ähnliches, d.h. ohne sorgfältig angeleimte Negativkontingenz!).

Auch vergleichbare, sehr sektoriale, aber immer noch starke Sender zogen mit, so Theater, Staatsgalerien und – **ohne** Ekeleinlagen – sogar Ballett:

1969

*Eine Szene aus Marlowes ›Faust‹, und zwar von der Royal Shakespeare Company (1969!)*

Tänzerin Anja Licher und ihr Partner Gérard Lemaitre im Schlußakt des Balletts »Veränderungen«
**»Mit Kostümen kann man sich das Stück gar nicht vorstellen«**

1970

**Ellen Stewart,** Gründerin des Theaters „Die Mutter von New York", hat in Paris eine gleichartige Gruppe gegründet. Ihr erstes Stück „Je ... François Villon" von Fre-

1971

**„Frankfurter Rundschau"-Photo:** „Kühn voran"

1971

**Marisa Berenson** und **Helmut Berger,** Fotomodelle, ließen sich von dem englischen Starfotografen David Bailey Hand vor dem Raum mit dem Bild des nackten Paares war so stark, daß das Zimmer zeitweise geschlossen werden mußte. Nur

1971

*National Portrait Gallery, London 1971*

Man merke: zu **diesem** Zeitpunkt konnte noch **niemand** sagen, wie weit die allgemeine Entängstigung gehen und, vor allem, wie stabil sie bleiben würde. Das Realität versichernde Medium, der schützende Apparat und die Kraft der »Starken Sender«: es konnte nicht ausbleiben, daß bei den ersten Erosionszeichen des Freiheitswillens im Volk die Kräfte der Finsternis, die sich niemals strategische Irrtümer leisten, jene Werbebilder als erste und vornehmste Zielscheibe ausersehen würden; ihnen als dem harten Kern der Bilder aus einer besseren Zeit ist darum auch dieses Buch gewidmet. Bevor wir ihren Wert weiter ausloten und ihr ferneres Schicksal erkunden, richten wir jedoch besser den Blick noch einmal auf ein wichtiges Extra.

**Kapitel 6**

# Eine Aufbrummung für den Mann, zwei für die Frau – und die Chance der Gleichheit

Genau wie die Nacktheit innerhalb der Primatenordnung (*sensu latissimo*) spezifisch, d.h. von keiner anderen Art geteilt menschlich ist, gibt es noch ein anderes spezifisches *Homo-sapiens*-Merkmal, das diese Art sogar in der ganzen Klasse der Säuger einzigartig macht: die Umwandlung der Laktationsorgane in sexuelle Auslöser. Zwar behalten sie ihre alte Funktion (jedenfalls im Naturzustand), aber diese ist durch ihre neue beeinträchtigt (der Säugling hat aufgrund der von der neuen Funktion bedingten neuen Form größere Schwierigkeiten beim Saugen); das ist bei sexuellen Auslösern normal, denn sie beeinflussen die Selektion unmittelbarer als alle anderen körperlichen Funktionsträger, und deren Effizienz kann durch sie ohne weiteres zurückgehen bis auf ein Maß, wo dieser Rückgang den Reproduktionserfolg seinerseits stärker als die neue Erfolgsquelle beeinträchtigt – man sieht, auch in der Natur siegt öfters das »Schöne« über das »Praktische«, dies allen »Natürlichkeits«-Aposteln ins Stammbuch.

Das heißt aber subjektiv, daß neben allgemeiner Hautbeschaffenheit und Körperform die weibliche Brust genau wie das mit der gleichen Funktion besetzte Gesicht stärker und ausschließlicher als alles andere unter rein **ästhetischem** Aspekt wahrgenommen wird; kein Feministengeschrei, kein Pfaffengebrabbel schaffen diese Tatsache aus der Welt, so sehr sie im Individuum durch in der persönlichen Biographie erworbene Kontingenzen überlagert werden mag (wie andere angeborene Bewertungsschemata auch, nicht anders als bei allen anderen dressierbaren Tierarten). Kein anderes Körperteil außer dem Gesicht ist so abgegrenzt wie die weibliche Brust, das diese Funktion trägt; die sexuelle Konkurrenz in der Horde und die daraus entspringende Aggression können ihr daher leicht das gleiche Schicksal bereiten wie den aus jener Quelle schon massiv bedrohten Genitalien[1],

---

[1] Weshalb die Psychoanalyse auch eine subjektive, nämlich unbewußte Gleichsetzung beider behauptet, wegen seiner Formqualität und dadurch leichteren Bedrohbarkeit allerdings nur mit dem männlichen (die sog. Brust-Penis-Gleichung). Die bei weitem stringentesten, ideologiefreiesten und übersichtlichsten Schlußfolgerungen daraus hat wieder einmal F. E. HOEVELS gezogen (zugänglich in: id. 1998, p. 85sqq.); sie können mit Gewinn als Ergänzung meiner obigen Darstellung gelesen werden.

und außer in der menschenfeindlichsten und zugleich frauenfeindlichsten Religion, die die unwissende Menschheit bisher hervorgebracht hat, dem erzfinsteren Islam, ist ihm das Gesicht nur durch seine biologisch mindestens gleich wichtige mimische Funktion entgangen; die Unterlassung von Behinderung der dort angebrachten sehr wichtigen Sinnes- und anderen Organe hätte vermutlich nicht den gleichen Schutzwert gehabt. Warum freilich jedenfalls potentiell – die Brust ist Zufall, aber beim Gesicht ist die Parteilichkeit evident – Frauen stärker als Männer von der resultierenden Unterdrückung betroffen werden, ist eine Frage, die hier nicht erschöpfend diskutiert werden kann, weil sie unser Thema überschritte; aber im nächsten Kapitel soll zumindest ein entscheidender innerer und Folgemechanismus dieser gesellschaftlichen Ungerechtigkeit besprochen und ausgeleuchtet werden – bis dahin muß die Leserschaft sich gedulden und das Spezialthema zu Ende reflektieren. Jedenfalls ist bis jetzt klargeworden, daß dieser elenden Wurzel eine wahre »Doppelbelastung der Frau« entspringt; nachdem mit den Genitalien der körperliche **Träger** der Sexualität zum Aggressionsmagneten in der Horde wurde, kommt an dieser Stelle noch ein sexueller **Auslöser** hinzu, mit der Folge einer höchst unsymmetrischen Verteilung der Aggressionslast und praktischen Behinderung unter den Geschlechtern; diese Wendung haben die Dinge freilich prähistorisch oder auch historisch nur nehmen können, wenn irgendwelche kulturellen Faktoren (das Aufkommen der Viehzucht beispielsweise), die hier nicht besprochen werden können, die gesellschaftliche Stellung der Frauen gegenüber den Männern drastisch verschlechterten – denn die *praktische* Belastung durch ein durchgreifendes **zusätzliches** Körperzonentabu ist ganz und gar nicht trivial, ganz abgesehen von der sie durch zahllose Kontingenzen gewaltig aufstockenden *psychischen* Belastung, die nur durch unentrinnbare Gewohnheit und gewohnheitsmäßige Leugnung mäßig erscheinen mag. (Deshalb kommt sie nicht zustande, wenn die potentiellen Opfer eine leidlich starke gesellschaftliche Stellung haben, sie lassen sich in dieser Hinsicht erfolgreichen Druck anscheinend einfach nicht gefallen; wo die geschichtliche Entwicklung den Frauen auch in Hochkulturen eine ziemlich gute Stellung beließ, in den Himalayaländern und ganz Hinterindien vor allem, hat es ohne äußeren Einfluß auf dem weiblichen Oberkörper niemals eine Zwangs- und Peinlichkeitszone gegeben.) Der Widerstand gegen und die Verzweiflung über den aufgezwungenen BH so unendlich vieler heranwachsender Mädchen legt dafür ein klareres und überzeugenderes Zeugnis ab als die wortreichen und späten Reden von Millionen erinnerungsgetrübter und gesellschaftlich länger bearbeiteter Erwachsener.

Die bessere Zeit war im innersten Kern eine Folge der sich schon zwei oder drei Generationen lang anbahnenden Verbesserung der gesellschaftlichen Stellung der Frauen bis zur Erreichung der Gleichheit gewesen (als Folge der Vollbeschäftigung, eines sozusagen kommunismusähnlichen Zustandes im Rahmen der erbrechtlich-bürgerlichen Eigentumsverhältnisse mit der erwartbaren Folge eines allgemeinen Aufblühens der Menschenwürde); daraus ergab sich in der Phase ihres Erstarkens und ihrer Festigkeit eine Opposition gegen und ein Angriff auf den Fortbestand einer ein Geschlecht extra treffenden Sonderpeinlichkeitszone. Diese Opposition wurde von den Mutigsten auch offen artikuliert, so sehr die ach so radikalen politischen Organisationen der Zeit sie völlig im Stich ließen.

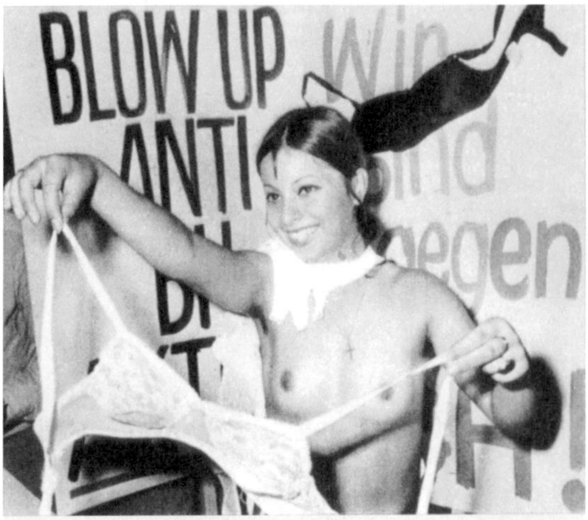


**BH-Protest in München:** „Wir lassen nicht locker"

1969

Der Wunsch nach Gleichberechtigung und Gleichbehandlung war zwar schon immer dagewesen, aber erst im Vorfeld der so befreiend besseren Zeit gab es allererste Möglichkeiten, an der hoffnungslosen Bedrohtheit der schwarzen Jahrhunderte vorbei ihn gerade an diesem emotional höchstbesetzten Prüfstein zu testen und das Feld der Menschenwürde durch exemplarische Vorstöße zu erweitern:

... Epochen der Ausgelassenheit: **Oben-ohne-Mädchen** im Freibad (Hamburg)

1966

*Man bemerke das Datum: 1966!*

Welcher Mut gehörte dazu, welche Bewunderung verdient diese wenig bekannte Frau! Daß Haß und Niedertracht der allzeit in Bereitschaft lauernden Kräfte der Finsternis der Ungleichheit und Unvernunft und des Unrechts diese so verdienstvollen, für die Menschheit potentiell so wertvollen Vorstöße sehr gefährlich machten, zeigt dieses ewig anklagende Bild di Stellas, die in einem **Urlaubsort** »zum Spaß« versucht hatte, den Verkehr an einer unbedeutenden Kreuzung mit nacktem Oberkörper zu regeln – der Respekt vor ihr sollte nie abnehmen:

Cannes-Besucherin **Andrea di Stella**
Kleiderzwang abgelehnt

1965

Auch an diese häßliche Geschichte sei erinnert, eine von vielen:

## Bloß als Schwester

***Ein Mädchen zeigte Busen und mußte von der Schule***

Mit Claudia Hoffmann wird wieder eine wissenschaftliche Fachkraft nach Amerika abwandern: Die junge Krankenschwester darf ihre Ausbildung zur Beschäftigungstherapeutin in Berlin nicht fortsetzen, weil sie

*Diskjockey ›Jenny‹ in Arbeitstracht an ihrem Plattentisch*

1968

Der Mangel an Selbsthaß ist, welche Niederlage aller egalitär und humanistisch gesonnenen Kräfte, immer noch gefährlich geblieben – auch **dafür** also zahlen wir unsere erpreßten Steuergelder:

## Heiße Tage, nackte Frauen

ESSLINGEN (ale). „Wenn's heiß ist im Mai, machen die Mädchen oben frei!" Der Spruch – zu lesen in einer Boulevardzeitung – ist zwar nicht hübsch, aber er reimt sich. Und stimmen tut er auch. Warum sonst haben sich jetzt zwei Mädchen bei Neckartenzlingen (Kreis Esslingen) durch das geöffnete Schiebedach eines fahrenden Autos gereckt und „oben ohne", so der Polizeibericht, ihre weiblichen Reize zur Schau gestellt? „Nur aus Spaß", sagten die jungen Frauen. Nach einer Belehrung durch die Beamten – Verkehrsteilnehmer könnten abgelenkt werden – zeigten sich die Schülerinnen nicht nur einsichtig, sondern auch wieder zugeknöpft.

STUTTGARTER ZEITUNG
7.5.2003

2003

*Eine Nachricht aus schlechterer Zeit. Man beachte den widerwärtigen »Stammtisch«-Ton am Anfang und die rotzfrech anmaßende Häme am Schluß.*

Aber in der so viel besseren Zeit als der unseren gab es etliche **erfolgreiche** Ermutigungen, weil durch allgemein bekannte und durch diese Prominenz etwas geschützte Personen vollzogen, wiederum am wirksamsten an den dafür naturgemäß so geeigneten Urlaubsorten, zusätzlich auch an weniger bedeutsamen, aber immer noch mit öffentlicher Aufmerksamkeit versehenen Plätzen.

**Stars sind die Vorreiter der neuen Befreiungswelle: büstenhalterlose Romy Schneider**

1970

**Cher Bono,** 27, Sängerin und Ex-Frau Sonny Bonos („I got you babe"), erregte mit Wenigem viel Aufsehen.

1974

Liza Minelli

1973

1969

*Jane Birkin am Urlaubsort, vom Publikum erkannt.*

Vor allem aber zeigten die »Starken Sender« eine freundliche Miene, und Herr Wojtyla wurde als Gralshüter der Unfreiheit durchaus treffend kontrastiert und behutsam, aber chronisch auf die Schippe genommen – wie undenkbar ist beides heute, wie finster der Planet! Zur Erinnerung daher dieses Dokument:

**Modeschrei der Saison: »Oben ohne«**

Zum ersten Male wagen sich gutproportionierte Mädchen in einem oberteillosen Badeanzug an den Strand — so wie es der Modeschöpfer Rudi Gernreich empfohlen hatte. Der Vatikan warnt vor einer Rückkehr zur Nacktheit der Wilden

**Papst Paul VI. spendet Christen und Nichtchristen in Bombay den Segen**

Elf Monate nach seinem Besuch im Heiligen Land fliegt Papst Paul VI. im Dezember zum 38. Eucharistischen Weltkongreß nach Indien, in das Land, in dem die nichtchristlichen Konfessionen (Hindus, Moslems, Buddhisten, Sikhs) überwiegen. Unter den 500 Millionen Indern gibt es nur sechs Millionen Katholiken — etwas mehr als 1 Prozent. Für die Massen ist der Papst »Burrah guru« — der große Heilige, der mächtig sein muß, weil er im Flugzeug kommt

1969

Und vor allem traten großflächige Folgen im Verhalten und Empfinden der Massen auf, die auch die Presse ein bißchen Kreide schlucken ließen.

1978

1971

*Das Besondere an diesem Bild ist geworden, daß es nichts Besonderes darstellte, sondern nur den zeitgenössischen Alltagszustand mit der dazugehörigen guten Stimmung.*

1970

Wie gesagt – und wie die **häßlichen** Bilder gezeigt haben –: es **war** eine Gratwanderung, die **schönen** Bilder zeigen dem Fälschungswilligen (oder ganz Ahnungslosen) nicht den **Mut**, den die Pioniere der Gleichheit und Humanisierungsoffensive benötigten, nicht die **Gefahr**, mit der sie fertigwerden mußten[2], aber auch nicht unbedingt den **Triumph** und die **Stärkung**[3], die ihnen zuteil wurde,

---

2 Im Gedenken an **ein** Opfer nur dieses Unrechts seien jene Bilder auf p. 57 aus der Lethe gefischt.

3 Man kann diese aus dem natürlich vielfach gefilterten und verqueren, wahrscheinlich fiktiven, aber so ganz und gar un-feministischen (also egalitären) Begleittext zu jenem STERN-Bild heraushören, welcher heute nicht einmal mehr denkbar wäre:

1973

wenn es ihnen gelang. Wichtig ist, daß sich das Konsumverhalten erheblich änderte; der BH wurde von breiten Massen als das empfunden und erinnert, was er ist und bedeutet, und folglich war er radikal schwerer abzusetzen als heute:

1971

1971

1975

Sehr schlimm, daß mit der Massenarbeitslosigkeit (der sog. Globalisierung, d.h. der insellosen Drückung der Lebensbedingungen auf das »Drittweltniveau« auf dem alternativlosen Globus) nicht nur Dummheit und Gemeinheit (wie die Hits sie als Gegenteil der Solidarität besingen: »Du mußt ein Schwein sein«, bis die Schweine Schlange stehen), sondern auch Muff und Furcht zurückgekehrt sind; die sexuell diskriminierte, peinlichkeitsgetränkte Brust des so lange sozial zurückgesetzten Geschlechts ist das vielleicht auffälligste Indiz dafür (das jedem, der sich *überhaupt* etwas auffallen läßt – wie Paul Fleming eine scheinbare Alltagserscheinung im verdorbenen Reagenzglas –, *sofort* auffallen kann, ohne nähere Kenntnis der Gesellschaft). Es hätte nicht sein müssen, die neue, nach trüben Jahrtausenden zurückgekehrte wenigstens unmittelbare Gleichheit hätte selbstverständlich werden können. Die befreiende Wirkung auf die Gesamtheit wäre im flächendeckenden Gelingensfall kaum zu überschätzen gewesen – **wie** viele lebens- und lebenslaufzerquetschende Minderwertigkeitsgefühle der Einzelperson hängen sich aufs folgenreichste an die Wahrnehmung eines diesem Individuum aufgebrummten **doppelten** Maßes an Peinlichkeitsmenge, angeborener »Unreinheit« (jüdisch-hinduistisches Modell) oder »Sündenlast« (christliches Modell)! Der Durchbruch hätte erzielt werden können, die auffälligste optische Einschärfung der gesellschaftlichen Ungleichheit und grundsätzlichen Zweitrangigkeit und Sonderbeaufsichtigung der Hälfte der Menschheit hätte verschwinden können – ein, gemessen am erreichten Optimum, etwa doppelt bis dreifach so großer Durchbruch an Stränden und ähnlichen Freizeitbereichen, es wäre nichts zu machen gewesen, und der Gedanke der Geschlechtergleichheit hätte sich an auffälliger Stelle schon in den zartesten Kinderköpfchen verankert bzw. der entgegengesetzte nicht. Vielleicht wäre es klüger gewesen, weniger Energie in die Eroberung von Nacktstränden bzw. Uferzonen zu stecken, weil in und an diesen immer doch die störende »Ausnahmeempfindung« mitschwang, und dafür zügig und strikt die Gleichbehandlung der Geschlechter hinsichtlich körperlicher Zwangspeinlichkeiten als absolute Normalität durchzusetzen. Sogar der Leviathan gab da und dort nach, z.B. im städtischen Morzili-Bad Bern – und **wie** hier die Wogen schlugen, wo dieser lokale Gewaltverzicht diskutiert und beachtet wurde, nur nicht von der »Linken«! –, aber die Sicherung der Normativität des da und dort erreichten egalitären Zustands wurde vertrielt und vergeigt. Sicherstes Zeichen für dieses nicht wiedergutzumachende Versäumnis aus massenhafter Zaghaftigkeit, d.h. daß der entsprechende Vorstoß **niemals**, auch zum Höhepunkt der besseren Zeit nicht, wirklichen Erfolg gehabt hat, ist die Tatsache, daß zu keinem Zeitpunkt in den Geschäften weibliche Badehosen (»Unterteile«, als wenn es zwingend dazu ein Oberteil geben müsse – ihre ♂ Gegenstücke heißen ja auch nicht so) angeboten wurden[4]. Ohne diese Zwischenstufe mußte aber eine volle Humanisierung der Sexualität unerreichbar bleiben, sie gedeiht ja nur auf dem Boden der Gleichheit ohne Wenn und Aber; die Chance wurde versäumt, und daß die zuvor eiserne Schwarzzone als letzten Nachhall einer besseren Zeit nur einen starken Graustich behält, ist kein Trost und überdies unsicher.

[4] Eine einzige Ausnahme – im authentischen Zeitraum – waren diese niedlichen Nicht-Tangas, welche jene Modeaufnahme von 1972 darstellt, die auf gefällige Art das Schmuckbedürfnis befriedigten, als Strand- und Freizeitnorm sehr angenehm ausgesehen hätten und auch sehr kurz im Handel waren, aber mangels Einsatzmöglichkeit bald verschwanden. Nacktstrände waren also, das beweist diese Traurigkeit, eine Art »ernstes Extra«, für »normale« Strände – also sind die freien doch ein geduldetes Extra, was lange Wege und höhere Kosten oder Verbannung in »Armsündereckchen« zeigen – aber doch unterdrückt, obwohl das für alle Geschlechter gleiche »Schicklichkeitsbedürfnis« doch befriedigt sein sollte. Aber das hätte Gleichheit ohne die Möglichkeit der ideologischen Sexualverleugnung bedeutet…

1972

## Kapitel 7

# Die bessere Zeit und ihre Feinde

Es müßte inzwischen deutlich geworden sein, daß unser scheinbar so begrenztes, scheinbar so abseitiges, angeblich unpolitisches und unbedeutendes Thema eine Sprengkraft und Tiefendimension aufweist, wie sie sonst noch höchstens die Religion bzw. die gegen sie wirkende Aufklärung besitzen. Die psychische Besetzung, die emotionale Energie, die an der unbedrohten Nacktheit haftet, das Ausmaß an staatlicher Aufmerksamkeit und Bevormundung, Verfolgung und Unterdrückung, die sie an sich zieht, kann nur ein Feigling leugnen und nur ein Vollidiot übersehen. Die Feinde der Menschheit wittern feinfühlig die Gefahr, welche für sie von ihr ausgeht, die angeblichen Vorkämpfer für Glück und Freiheit der Menschen sind blind für ihre Chance – eine Asymmetrie, die auch an anderen Fronten zu beobachten ist und zweifellos für die Seltenheit erfolgreicher Revolutionen und die Häufigkeit konterrevolutionärer Erfolge in der Geschichte kausal ist. Wie sie entsteht, behauptet die originale Psychoanalyse durch den unerkannt wirkenden Fortbestand der unerquicklichen, ohne durchschlagenden Erfolg vergangenen Kindheitssituation erklären zu können; wir müssen uns die Diskussion hierüber in unserem Zusammenhang versagen und Interessierte auf die heute so entschwundenen, so verspotteten und zerquasselten Originalwerke verweisen.

Dafür aber haben wir die Möglichkeit, an einem mantraartigen Leitmotiv einen ganz zweifelsfreien Weg zur Erkenntnis der Antriebe und Motive aller Feinde des Besseren in der Besseren Zeit aufzeigen zu können, Feinde und Hasser, die sich als Überlagerung der unverändert fortbestehenden traditionellen wie Kirche oder bekennenden Rechtsparteien unter neuem und situationsgeborenem Etikett verblüffend früh einstellten. Ziel ihres Hasses und ihrer Attacken war nämlich die **Werbung**, so weit auf ihr unbedrohte, schöne und selbstbewußte Menschen nackt dargestellt waren, sowie die entsprechenden Titelbilder der Illustrierten STERN. Das maulige Mantra lautete: »Wo bleibt denn endlich ein nackter **Mann**?!«

Die Verlogenheit des Mantras ist problemlos daran zu erkennen, daß ein entsprechender schöner nackter Mann, wenn er einmal auftauchte – manchmal geschah das wirklich –, die gifttriefenden Gebetsmühlen überhaupt nicht abstellte, die eintönigen Schreierinnen überhaupt nicht beeindruckte.[1] Aber richtig ist ohne

---

[1] Einen sehr guten Beleg zur Erkenntnis und Diagnose dieses ganzen Sachverhalts führt S. SARIAL

Zweifel, daß der Einsatz attraktiver nackter Frauen an den beschriebenen Stellen denjenigen attraktiver nackter Männer bei weitem überwog. War also an dem sauertöpfischen Feministinnengekreisch etwas Wahres dran – wäre also umgekehrt die oben vorgeführte befreiende und entschmutzende Wirkung jener Bilder aus der besseren Zeit noch größer gewesen, wenn in ihnen ein ausgewogenes Geschlechterverhältnis geherrscht hätte? Eine formale Anwendung meines wirklich niemals zu revidierenden oder zu verwässernden sexuellen Gleichheitsprinzips ließe dieses in der Tat erwarten.

Woran die aggressiven Feministinnen und ihre Kavaliere Anstoß zu nehmen behaupteten, war, die dargestellten Frauen seien »nur Objekte« (erg. möglicher Sexualpartner), entbehrten also der eigenen sexuellen Subjektivität, zielten somit ihrerseits niemals auf Sexualobjekte. (Es ist unmöglich, eine beide Teile erfreuende sexuelle Handlung zu vollziehen, ohne Objekt zu sein und zugleich ein Objekt zu haben; Vergewaltigung oder Prostitution lassen es jedoch zu, an sexuellen Handlungen teilzunehmen, ohne sexuelles Subjekt zu sein – der Bezahlungsanspruch der Prostituierten gründet darauf und kann auch nur darauf gründen, und umgekehrt muß jede sexuelle Aktivität, die nicht der eigenen Lustsuche, sondern der Erlangung sonstiger Vorteile dienen soll, mit all der daran haftenden Ehrlosigkeit und Widerwärtigkeit als Prostitution gelten.) Nun ist es ohne Zweifel richtig, daß insbesondere in der älteren Pornographie – und nur dadurch wirkt sie abstoßend – dieser Zustand **wirklich** bestand (dies sagt ja schon die Übersetzung des Wortes aus dem Griechischen): die dort photographierten, oft ziemlich häßlichen Frauen ließen, bedenkt man vor allem die Zeitumstände, die Annahme zu, daß sie **nicht** nackt sein wollten, sondern den kurzen, aber schrecklich schmerzlichen

(1994) vor: **Diese Plakate wurden verboten**; verboten, obwohl, so könnte man meinen, doch sogar der Geschlechterproporz gewahrt ist, der Feminismus also doch wohl unzuständig?! – Weit gefehlt, denn gerade diese Tatsache dürfte einen wesentlichen Ausschlag für die Zensurwut gegeben haben, auf die Gebote der Logik ist eine Feministin schließlich nicht mehr angewiesen (sie ist ja nur eine Frau) – Schwarzer sei Dank. Das Verkehrsdezernat Karlsruhe machte der betroffenen Werbeagentur zur Auflage, die inkriminierten Stellen zu schwärzen. Die Begründung des Bürgermeisters für die Zensur der Werbeplakate bestand in der Feststellung, die »Kombination von Bild und Text« vermittle eine »sexuelle Botschaft«, das Plakat sei »sittenwidrig«.

1994

1994

1994

Verzicht auf ihre Kleider für den kurzen Augenblick der Aufnahme nur von sich erzwangen, um drückende, vielleicht lebensbedrohliche Armut zu mildern, vielleicht dem Gerichtsvollzieher zu entgehen oder an ordentliche Nahrungsmittel oder Medikamente heranzukommen, ähnlich wie es Huysmans bezüglich der regelrechten Prostitution in seiner ›Geschichte einer Dirne‹ beschreibt und wie es zu seiner Zeit auf unserem Kontinent, in unserer auf anderen Kontinenten, die freilich Bumerangs werden können, scheußlicherweise millionenfach vorkommt bzw. vorkam. Hier haben wir durchaus den Fall von Nacktheit als Folter vorliegen, als sexuelle Erniedrigung, und der Lustgewinn aus diesen Bildern oder Situationen kann, jedenfalls wenn die Lage thematisiert wird (etwa »Die bei der Toilette Überraschte«, »Die Belauschte« usw.), nur sadistischer Natur sein. (Das gleiche gilt für Photos der geschlechtlichen Vereinigung aus dem gleichen »schmuddeligen« Umfeld; der Betrachter kann sich, mit individuell unterschiedlichen Akzentsetzungen, schadenfroh als »Störer« fühlen, diesmal beider Teile und nicht nur der Frau.)

Von da aus eröffnet sich ein unabsehbar weites Feld sexueller Erniedrigung und des sadistischen, d.h. mit dem Nachhall eigener Bedrohtheit zum Schaden noch Schwächerer Pingpong spielenden Lustgewinns; fehlt das sadistische Motiv, und extreme sexuelle Frustration ist das einzige, dann dürfte der dann noch mögliche Lustgewinn qualitativ schal und quantitativ spärlich ausfallen. Die verflossenen »burlesque shows« der US-Puritaner, welche Brecht zu einem sehr treffenden Gedicht veranlaßten, der übliche »Striptease« der Nachtlokale (man beachte, um die Argumentation der folgenden Absätze voll würdigen zu können, die wörtliche Bedeutung des zweiten Teils dieses Ausdrucks!) sowie die späteren »Peep-Shows« gehören in diese traurige und düstere Perspektive einer Gesellschaft ***ohne*** Vollbeschäftigung und mit schädlicher Feigheit vor dem Tode, welcher der Erniedrigung bekanntlich immer vorzuziehen ist. (Man gestatte sich aber ruhig einmal die Überlegung, was aus derlei Miefigkeiten und traurigen Vergnügungen sexuell zerbrochener Menschen schon rein nach Marktgesetzen wohl geworden wäre, wenn die zaghaften Ansätze einer besseren Zeit im Sinn der kühnsten und uneingeschüchtertsten Vorstellungen in derselben zur stabilen Blüte gelangt und in langer Vollbeschäftigung normsetzend geworden wären – der Unterschied ist wie Bergluft zu Kloluft, wobei an die ältesten und fensterärmsten Bahnhofsklos zu denken wäre.)

Wäre es aber diese Kloluft des aus nach außen gewendeter, auf schwächere Opfer abgelagerter erlebter sexueller Erniedrigung gewesen, eine gesellschaftliche Ermutigung und Festigung nach Geschlechtszugehörigkeit ungleich verteilter sadistischer Perversion sozial verbogener Triebabfuhr, woran die FeministInnen Anstoß nahmen, dann hätten sie jene Bilder starker Sender ins Visier nehmen müssen, in denen jene »kokette« Tendenz zu erkennen ist oder wenigstens nachschwingt – wie auf den Titelbildern der NEUEN REVUE oder PRALINE durchaus unangenehm bemerkbar, zumindest recht oft –, welche die Voraussetzung suggerieren, daß Frauen **keine** sexuellen Subjekte sein könnten, sondern gewissermaßen Prostituierte von Natur, unfähig oder wenigstens ungeneigt zu ehrlicher Arbeit, aber aufgrund fehlender eigener sexueller Wünsche geeignet, anderen ihre dadurch verwertbar gewordene Sexualität oder Eignung zu sexueller Benutzung anzubieten oder aufzudrängen, um statt dessen möglichst hohe Preise als Entschädigung dafür herauszuschlagen, daß sie etwas ihnen selber Unangenehmes über sich ergehen lassen (»Sex ist Arbeit« hieß oder heißt die feministische Parole, der Geschlechtsverkehr selber ist einseitige »Penetration«). Zu ehrlicher Arbeit müssen diese *mares occasionati* wohl von Natur aus unfähig sein, denn sonst würden sie kaum einen solch unwürdigen und ihnen selbst definitionsgemäß unangenehmen Lebensunterhalt anstreben – aber diese unvermeidliche Konsequenz aus ihrer eigenen Lehre anzusprechen, war jede Feministin zu ehrlos und zu feige, die wenigen ohne Wenn und Aber normativ bekennenden Lesbierinnen vielleicht einmal ausgenommen (ich kenne freilich keine, ihre Existenz als bekennende sexuelle Subjekte hat etwas Theoretisches behalten – wo ist das weibliche Gegenstück zu Rosa von Praunheim?! **Eine** erfolgreiche Geschäftsfrau, Schauspielerin oder notfalls Erbin hätte sich den entsprechenden Lebensstil doch leisten können müssen – aber ich zweifle sehr, daß sie den eigentlich versprochenen feministischen Beifall gefunden hätte!).

Nun, gegenüber jenen gedämpft auch die bessere Zeit düster erreichenden Bildern, die seinen geschrieenen Vorwürfen am ehesten entsprachen, war der Feminismus bemerkenswert tolerant. Sein glühender, maßloser, fanatisch aggressiver Haß galt dagegen jenen, **welche das Gegenteil ausdrückten** – d.h. keinen Zweifel an der von Kirche, NSDAP und Frauenbewegung geleugneten Tatsache ließen, daß **beide** Geschlechter und daher auch Frauen von Natur aus sexuelle **Subjekte** sind – und ihre sexuellen Wünsche, die sie als Folge davon entwickeln, wenn die Gesellschaft ihre Natur eben nicht verkrüppelt, aus der Position der – in erster Linie notwendigerweise wirtschaftlichen – Unabhängigkeit am besten und angenehmsten ausleben können. So wie die Romantik die persönliche Liebe als normativen Gegenpol der gesellschaftlich gedeckten Vergewaltigung »entdeckte«, d.h. feierte und verteidigte (im zurückgebliebenen Ostjudentum kommt dieses Verdienst als Nachzügler der »Haskala« zu), genauso konnte und sollte in der besseren Zeit die freie und gleiche, ausschließlich von der gegenseitigen Lustsuche statt Geldsuche motivierte sexuelle Verbindung Unabhängiger die Norm werden. Damit wäre die Sexualität endlich humanisiert gewesen, tatsächlich nicht mehr »tierisch und schmutzig«, was sie anderweitig unentrinnbar ist, so sehr eine neue, noch üblere Pfaffengeneration das leugnen mag, aber dafür ist die Knete weg, die angeblich ehrbare Nutte guckt in die Röhre, aus der Traum vom Zahlvater und eigenem Frührentnertum. Aus dieser einzigen Quelle sickerte, später sprudelte sehr rasch der sogenannte Feminismus.

Menschenwürde und Prostitution sind unvereinbar, und wer mit dem Gedanken spielt, von irgendeiner Form der Prostitution zu leben, wird daher Verhältnisse und Dinge nicht schätzen, welche die Menschenwürde vorantreiben oder gar festigen, besonders auf sexuellem Gebiet. Die Humanisierung der Sexualität ist unwiderruflich nuttenfeindlich und hausfrauenfeindlich; eine menschenwürdige Gesellschaft hat die für manche unangenehme Eigenart, von allen ihren Mitgliedern auch einen nach Kräften qualifizierten Beitrag zu ihrem Unterhalt und Funktionieren zu verlangen. Die heikle Frage des Erbrechts einmal ausgeklammert (und diejenige des geistlichen und weltlichen Gepfaffs, sie säen nicht, sie ernten nicht etc., einmal auch), kann ein auf der Basis von – damals noch nicht durch Lohndrückerimport aufgeweichten – Tarifverträgen und Vollbeschäftigung sowie militärisch-propagandistischer Konkurrenz gezähmter, zum Kreidefressen gezwungener Kapitalismus eine leidliche Humanisierung durchaus ertragen, wenngleich zähneknirschend, und damals war sie, als Modell und ewige Erinnerung, daß nicht alles (und alles immer) eklig und elend sein muß, im sexuellen Bereich (und ein paar weniger sensationellen) durch technischen Fortschritt und weltpolitische Patt-Symmetrie ziemlich real eingetreten oder entwickelte sich dorthin. Wer in Mief und Niedrigkeit, aber doch recht komfortabel und mit vielen Zoff- und Quälmöglichkeiten für einmal »Beine breit« versehen dahinleben und dahinfaulenzen, dahinwirbeln und dahinquengeln wollte, mußte jetzt auf Alarmstufe 1 schalten. Die Ideologie von Methusalem bis Hitler und Adenauer leugnete – allerdings inkonsequent und zwiedenk – die Existenz der Frau im Gegensatz zum Mann als sexuelles Subjekt; also mußte alles getan und geschrieen werden, um die Gleichwertigkeit der Geschlechter als sexuelle Subjekte zu bestreiten, die Linie Papst–Hitler–Adenauer wurde zur Linie Papst–Hitler–Adenauer–Schwarzer fortgesetzt.

Hätte das besagte Geschrei, wie es log, tatsächlich die Leugnung der sexuellen Subjektfähigkeit eines bestimmten Geschlechts angreifen wollen, so hätten, wie ausgeführt, etwa die NEUE-REVUE- u.ä. Titelseiten seine Zielscheibe sein müssen – die psychologische Wirkung von Titelseiten ist zweifellos wirklich groß, da haben die Angreifer recht – und nicht diejenigen des STERN. Denn diese **belegten** und **festigten** ja gerade den sexuellen Subjektstatus des Geschlechts, dem dieser von den Kräften der Finsternis – Religion und Faschismus – immer wieder abgesprochen wurde oder wird. **Deshalb** und nicht aus dem entgegengesetzten Grund wurden sie von denjenigen, die insgeheim von und nicht mit ihrem Geschlechtsteil leben wollten, so wütend angebellt, deshalb aber auch wirkten sie auf alle, die ihre volle, von den Kräften der Finsternis bedrohte Menschenwürde haben wollten, so beruhigend und ermutigend; auf Frauen, weil sie exemplarisch als sexuelle Subjekte bestätigt wurden, auf Männer, weil sie im Heterosexualitätsfall nicht zur Sodomie verdammt sein mußten. Die sexuelle Subjektexistenz der schönen und exemplarischen Frauen auf besagtem STERN – nicht weil dieser, vergessen wir das nie, diese fördern wollte, sondern weil damalige Marktlage und politische Situation ihn zwecks Erhaltung des HÖCHSTEN GUTES dazu zwangen – wurde, durch das Bild, auf verschiedenen Ebenen behauptet, direkt in dieser Werbung:

1974

*In diesem großartigen Bild kommt alles zusammen, was der Verkniffenenklub haßt; der Leser suche es selbst heraus und vergesse den damals so viel längeren, schöneren und billigeren Urlaub nicht – die Produktivkräfte sind seither nicht geschwunden (so daß die Arbeit hätte verlängert werden müssen), wohl aber die Gewinne gigantisch gestiegen – die vielen Bankerotte bewirkte und bewirkt nur die Kapitalkonzentration und die Drohung der US Army, kein mysteriöses Versiegen der zuvor doch auch ausreichenden Arbeitsergebnisse.*

Und indirekt in diesen:

1973

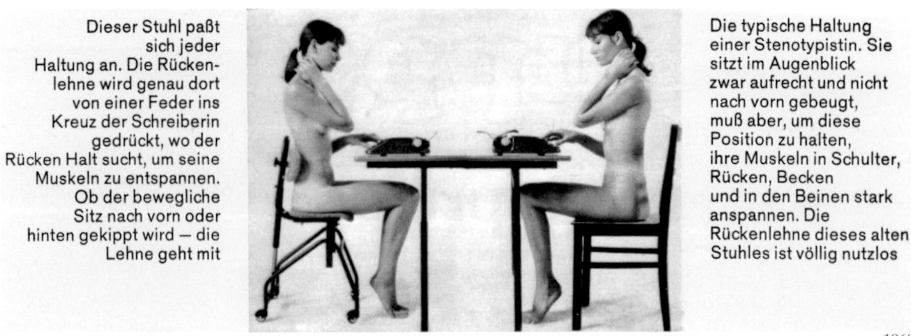


1968

... man kann auch das Badezimmer zum Wohnraum erklären, dort leben, lieben, speisen und sich die Tagesereignisse mit dem Badewasser den Buckel runter rutschen lassen

1973

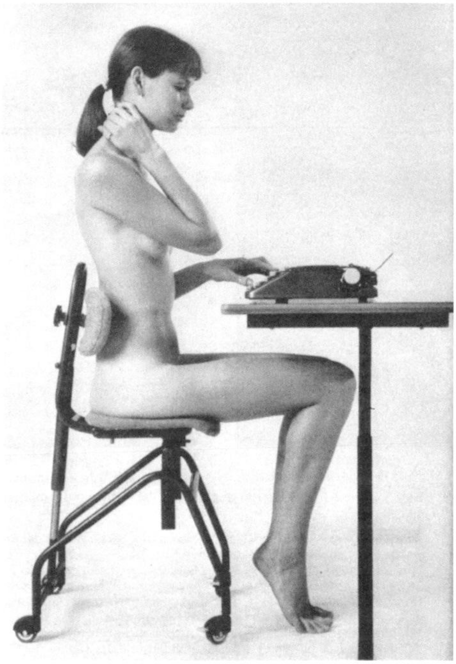

Die Lehne stützt das Kreuz, aber die Beine sind inaktiv

1973

1968

Auch alltägliche Dinge wie Baden und sogar Sitzen wurden in der Besseren Zeit in ihrem Annehmlichkeitspotential genutzt. Beim Baden ist man ohnehin nackt – wie verquält, wie verrenkt, wie geradezu adenauerisch vermieft wirkt darum die Werbung der Gegenwart! Und wem fällt bei dem ersten Bild nicht reizworthaft der böse »Wasserverbrauch« ein, wo Stinken, wie Mittelalter und Hardcore-Islam zeigen, doch auch nicht zum Tode führt? Nun, wenn's **wirklich** nur die Umwelt wäre, hätte ich als absichtlich Kinderlose, der dann immerhin mindestens die dreifache Wassermenge der Normalverbraucher zuzustehen hätte, nichts zu fürchten: denn um mindestens diesen Faktor schade ich der Umwelt entsprechend durchschnittlich weniger, langfristig, worum es ja gehen sollte, sogar noch viel weniger. Allein diese Überlegung zeigt die verachtenswerte, wahrhaft stinkige Verlogenheit unserer Zeit.

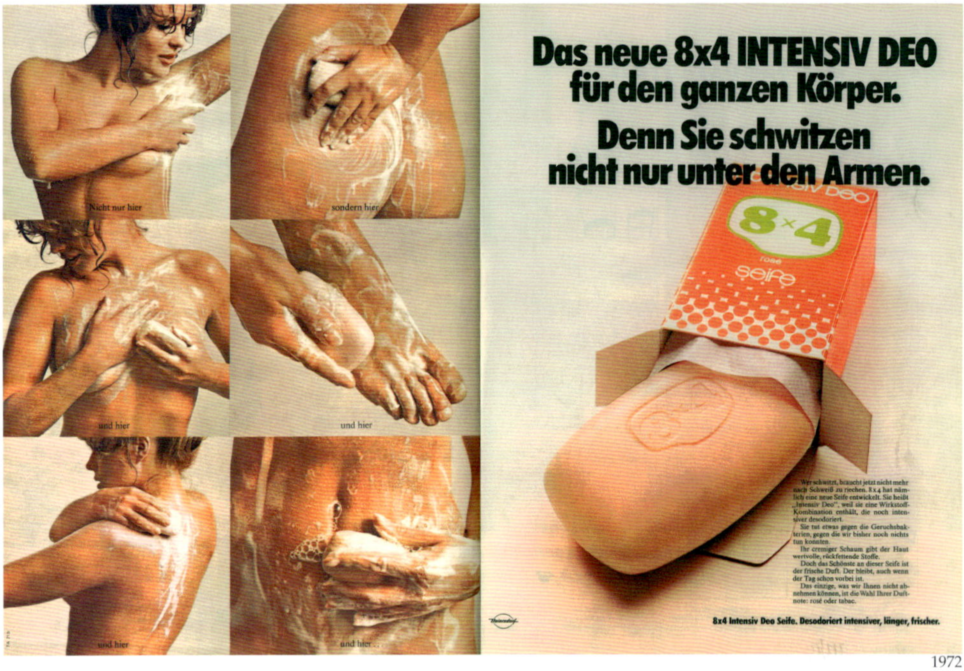


1972

*Diese Werbung gelangte übrigens zu literarischen Ehren: Arno Schmidt montierte sie als integralen Bestandteil in seinen Roman ›Abend mit Goldrand‹. Es war eine Hommage von höchster Stelle.*

Aber es geht **nicht nur** ums Stinken: Baden kann **schön** sein, und das **häufig**. Wer das sexuelle Potential großzügiger Badezimmer nicht häufig nutzen konnte, stirbt als armer Hund… nicht vergessen! *Et meminisse iuvat* – und wer sein Leben verpennt hat, wird in dessen zweiter Hälfte entweder trübsinnig oder projektiv, d.h. zur Giftspritze. Baden kann man sinnvollerweise nur nackt, aber sitzen?! – Nun, warum muß man es unbedingt bekleidet erledigen? Es ist sehr häßlich und verrät Böses, wenn Nacktheit **mehr** motiviert werden muß als Bekleidetheit, das sollte zumindest das zweite Kapitel dieses Buches gezeigt haben. Da es bei diesen Bildern um die Körperhaltung gehen soll, wurde, heute wieder ganz undenkbar, das Angenehme mit dem Demonstrativen verbunden, eine sehr wünschenswerte Verbindung. Einfach wirken lassen!

1973

*Welcher Frevel ist denn das schon wieder – Easy Rider, wa?! (Statt Sprit verbrauchen und einfach rumbrausen, könnten die doch auch umweltfreundlich und gleichgeschaltet vor der Glotze hocken!) Nun, ich bin nie Motorrad gefahren, nicht alles gefällt allen, aber die* **Mobilität** *ohne Geducktheit durch Blitzanlagen usw. ist sogar voll bekleidet im heißesten Sommer schöner als das umweltfreundlichste Gängelband... und dafür ist dieses Bild Symbol, auch wenn das dargestellte Vergnügen auf die Dauer ebenso geistfeindlich wie die Glotze und mancher Sport werden kann, einfach weil es so viel Lesezeit und Energie frißt... aber nicht deshalb ist eine solche trotzdem* **schöne** *Werbung heute verhaßt.*

Zum Abschluß noch ein paar Dokumente, die einfach zeittypisch sind. Beim ersten denken Sie am besten an die seither eingetretenen Verhältnisse – und ob zwischen ihnen **und** der Art der Werbung nicht ein Zusammenhang besteht; beim zweiten an Olympia und die Geschlechtergleichheit, welche jenes, später so hochgepriesene, durch ihr Fehlen entstellte – es sind noch viel mehr Gedanken möglich; und beim letzten, wenn Sie »Miß«-Wahlen so wenig mögen wie ich, wie pervers es ist, wenn sie schon stattfinden, wenn sie nicht nackt stattfinden... vielleicht wären sie dann sogar erträglicher, das Bild lädt jedenfalls zum Meditieren ein (auch darüber, ob dann nicht vielleicht auf die Dauer die Luft aus ihnen raus wäre... kurzum, die Welt kann schöner sein).

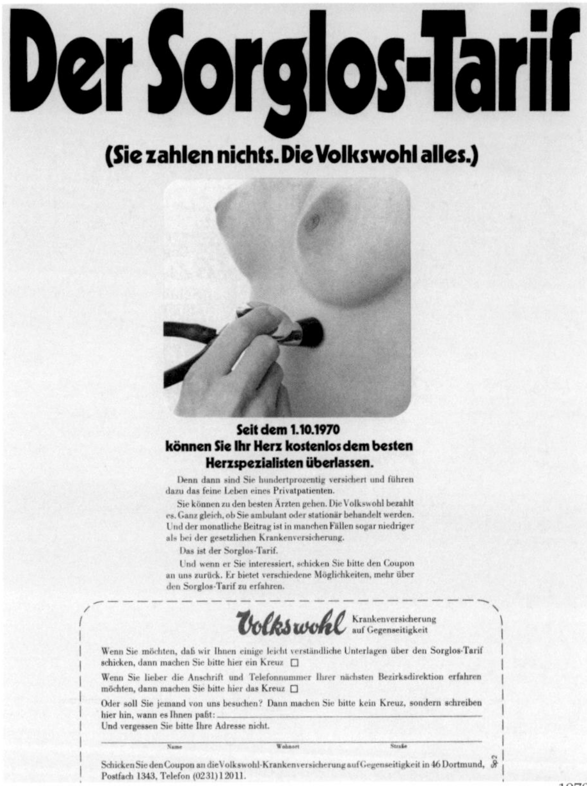


1970

**Internationale Wettkämpfe in Rotterdam: „Das könnte man öfters machen"**

1973

**Rosemarie Hess,** 25 (M.), 89—61—89, hatte bloß Erfolg. Vorletzte Woche stellte sich die gebürtige Schweizerin, seit vier Jahren im kanadischen Montreal ansässig, im Toronto-Vorort Freelton zur Wahl der ersten „Miß Welt (nackt)". Gemeinsam mit 16 Konkurrentinnen offenbarte sich die Nähmaschinenverkäuferin vor 3000 (teilweise auch nackten) Schaulustigen und einer 14köpfigen Jury (zwölf Männer, zwei Frauen), die ihre körperlichen Vorteile

1971

Die Nacktheit der Personen war das wichtigste und spontan glaubwürdigste Mittel zur Idee des Besseren: erstens war sie stets mit ruhigem Selbstbewußtsein gepaart, zweitens erinnern wir uns an ihre Funktion als spezifisch menschlicher sexueller Auslöser. Treten aber Sexualität und Selbstbewußtsein furchtlos zusammen, dann ist die sexuelle Subjekthaftigkeit bestätigt: ein sexuelles Subjekt verfolgt eigene Wünsche, treibt keinesfalls Handel mit sexuellen Möglichkeiten, die es anderen Subjekten bietet. Damit verliert aber die Kleidung ihre Einsatzmöglichkeit als dosiertes Preistreibmittel der prostituierten Selbstversteigerung: sexuelles Begehren tritt ein oder tritt nicht ein, sexuelle Kontakte ergeben sich oder unterbleiben, aber in allen Fällen sind sie ausschließlich die Folge des Willens beider Beteiligten (und haben daher auch keinen ekligen Beigeschmack, weswegen sie evtl. anhaltende Zuneigungen nicht versauen noch versäuerlichen können – sie bilden keinen Gegensatz zu anderen, ebenso ernsten und gültigen Kontakten, denen der intellektuellen Kommunikation, der gegenseitigen Hilfe gegen die Feinde der Menschheit, dem ruhigen bis spannenden Genuß von allem, was sich sonst noch genießen läßt). Das bedeutet natürlich, daß alle Beteiligten ausnahmslos gelernt haben, ohne Murren und Rachegelüst zu ertragen, wenn sie sexuell **nicht** begehrt werden – nur so ist garantiert, daß jede sexuelle Vereinigung ausschließlich die Folge des Willens der Beteiligten sein kann. (Eine menschenwürdige Gesellschaft wird daher auf Vergewaltigung immer die Höchststrafe setzen, über die ihr Gewaltrepertoire verfügt.) Denn die Sexualität dient nur dem Vergnügen, ist von der Vernunft definitiv gelöst; sexuelle Wünsche lassen sich weder tadeln noch einklagen, niemand »verdient« sie oder »verdient sie nicht« – verdienen läßt sich nur Anerkennung für Leistung, Dankbarkeit für ohne Berechnung geleistete Hilfe, Strafe für böse Taten usw., aber niemals ein Begehren. Hat man aber eine Weile lang in einer Umgebung gelebt, die sich an diese einfachen, aber strikten Regeln hält – und genau eine solche »drohte« in der besseren Zeit zu entstehen und sich sogar zu stabilisieren –, wird man sehr rasch an ihr Geschmack und jede andere widerwärtig finden: eine Wohltat für freiheitsliebende Menschen, die Hölle freilich für heimliche Prostituierte und mehr oder auch weniger verhinderte Sklavenhalter! Diese freilich meldeten sich, aufs höchste alarmiert und ihre Felle davonschwimmen sehend, recht bald zurück, gruseligerweise – denn so fest saß die sexuelle Einschüchterung und der Hang zum schlechten Gewissen allen erst so zaghaft an Freiheit und Menschenwürde geschnuppert habenden Erlebenden einer besseren Zeit nach wie vor im Nacken –, ohne auf nennenswerten, im Geringsten zielstrebigen Widerstand zu stoßen. Dafür allerdings, und das wurde »kriegs«-entscheidend, auf staatlich-propagandistische Unterstützung.

Zum Verständnis dieses Satzes müssen wir weiter ausholen. Eine verbesserte Stimmung im Volk, die Demokratisierung des Wunsches nach einem Leben vor dem Tod (dessen Erfüllung ja gewöhnlich nur den Groß- und Früherben vorbehalten bleiben muß – nur wer von andern lebt, lebt angenehm, jedenfalls, solange diese Art von Leben erlaubt und mit allen Mitteln geschützt ist), kann keiner Regierung gefallen, deren Aufgabe hauptsächlich die Aufrechterhaltung der ungleichen, leistungsunabhängigen, aber geburtsabhängigen Verteilung der weltlichen Güter ist. Der Geschmack am guten Leben darf die Massen nie erreichen; dafür sorgt, so gut sie kann, die Religion, und deshalb steht sie stets mit der sexuellen Lust als Erfahrung bzw. der sexuellen Selbstbestimmung als Menschenrecht und Lebensweise auf Kriegsfuß. Diesmal war sie offenbar zu schwach zur Erfüllung dieser ihrer Aufgabe geworden, eine gewisse Festigung selbstbestimmten sexuellen Lebens und Genießens hatte in den klügsten und vitalsten Teilen des Volkes Fuß gefaßt, und die zielsicher attackierten STERN-Titelbilder waren ihre Symbole ebenso wie Motoren.

Wo aber steckt die Mitwirkung des Staates in der Attacke auf die Bilder, die die bessere Zeit hervorbrachte, repräsentiert durch die Titelbilder des STERN? – Zunächst einmal darin, daß er die dazugehörige Feministinnen-Klage überhaupt annahm und ernsthaft verhandelte (»ein Forum bieten« heißt sowas heute, obwohl damit in unseren Tagen nur einfach unterlassenes Verschweigen oppositioneller Meinungen bezeichnet und getadelt wird, sehr im Gegensatz zu juristisch fundamentlosen, von staatlich besoldeten Funktionsträgern durchgespielten Scheinprozessen). Sehr viele, sehr sehr viel berechtigtere Klagen werden von unseren Gerichten täglich mit Hohn abgeschmiert – *sapienti sat*. Aber es gibt noch ein weiteres Element in der feministisch-staatlichen Schmierenkomödie, und eben dazu ist eine historische Gedächtnisauffrischung vonnöten. –

Um ihren bald auch errungenen Endsieg über die Sowjetunion zu vollenden, mußten die USA ihre militärische Einkreisung derselben durch Mittelstreckenraketen perfekt machen; als sie bald darauf ihr »Ergebt euch, ihr seid umzingelt!« rufen konnten, war es um die Sowjetunion dann auch geschehen, und vor den Pershings und Cruise-Missiles, denen sie nichts entgegenzusetzen hatte, kapitulierte sie, leider aufreizend würdelos. Wichtigster Stationierungsort derselben wurde die BRD.

Nun hatte man damals noch so viel Gewese um das deutsche Grundgesetz gemacht, daß es nicht ganz so einfach zu brechen war wie heute; alle schon stattgehabten Verfassungsbrüche mußten umständlich durch das inzwischen viel stärker verblaßte BVG geleugnet und dadurch abgesegnet werden, und dieses hatte gerade eine ziemliche Serie solcher Beihilfen zum Verfassungsbruch hinter sich gebracht, so daß durch die notwendig gewordene neue pro-amerikanische Beihilfe sein propagandistisch so nötiges, jedenfalls wertvolles Ansehen ziemlich strapaziert wurde – umso mehr, als es der ach so »reformistischen« SPD-Regierung im Abonnement immer wieder die benötigte *vis haud ingrata* zur Nichterfüllung ihrer Wahlversprechen hatte liefern müssen, am auffälligsten die Unterlassung der sog. Fristenlösung in der Abtreibungsfrage, andererseits aber gerade mit großem Propaganda- und Psychologieaufwand die heute noch zur Verhinderung antineokolonialistischer Opposition so unentbehrliche, *a limine* antisowjetische »Friedensbewegung« aufgebaut wurde, die für den Todesstoß gegen die Sowjetunion sich auch wirklich mit Bravour nützlich machte. Während sich deutsche Lehrerlein und andere also friedensbewegt in ein kontrolliertes Delirium hineinzusteigern hatten, das die schamlose realmilitärische Realbedrohung der Realsowjetunion verdecken sollte, störten die prosaisch wirklichkeitsverweisenden US-Pershings das propagandistisch anbefohlene Psychotraining, die routinemäßig gehorsame Rechtfertigung des zu ihrer Stationierung in der BRD nötigen Verfassungsbruchs – denn etwas anderem als der Vorbereitung eines Angriffskrieges konnte sie platterdings nicht dienen – durch das BVG die psychologische Bedeutung desselben im Regierungshandwerk. In dieser Not wurde folgender Joker gezogen bzw. Pappkamerad aufgebaut:

Eine merkwürdigerweise auf einmal nötige »Volkszählung«, die ausschließlich lauter den Behörden längst bekannte, mühelos über jeden Einzelnen eruierbare Daten zu erheben hatte, sollte auf einmal eine böse, böse Bedrohung der Freiheit sein. Es wurden in ihr ausschließlich die harmlosesten Daten abgefragt, welche sämtlich den Steuerbehörden und Meldeämtern längst geläufig waren – und das sollte schlimmer sein im Staat der Telefonabhörerei und der obszön **zugegebenen** Bespitzelung all der mehreren Millionen Staatsangestellten durch die politische Geheimpolizei (»Regelanfrage«)! Mittels einer amorphen, verläßlich von eben jener Geheimpolizei durchsetzten Pseudolinken sowie natürlich der Presse wurde der »Volkszählungs«-Popanz kräftig aufgeblasen, die eingebildete Gefahr fürchterlich hochgespielt; aber da kam als Retter in der Not, strahlend, gütig und wachsam, das gute, gute BVG, das die bö-bö-böse Volkszählung prompt aus nicht leicht nachvollziehbaren Gründen für verfassungswidrig erklärte – wenn auch, damit man sich nicht an Eindeutigkeit gewöhne, verquast und inkonsequent – und dafür kräftig gefeiert und gepriesen wurde, hurra! – So kann ein Staat sozusagen Teufel und Exorzist in einer Person sein – und die Einkreisung der Sowjetunion wurde vollendet, sie selbst verließ Menschheitshistorie und Globus.

Aber auch für diese Geschichte gilt: wo kein Kläger, da kein Richter, nicht einmal ein Verfassungsrichter. Wer jemals eine »Normenkontrollklage« versucht hat, auch in den allereindeutigsten Fällen, der weiß, auf welch verlorenem Posten da jeder Geschädigte und jeder Anwalt steht; nur ein einstelliger Prozentsatz derselben gelangt überhaupt zur Verhandlung. Als Rechtsanwalt Gottfried Niemietz, von der Presse eisern verschwiegen, anläßlich des von ihm vertretenen »Falles Seler« das sogenannte »Kruzifixurteil« des BVG erstritt, da brauchte er dafür über zehn Jahre und ein fast übermenschliches Stehvermögen. Im doch äußerst windigen Falle der »Volkszählung« ging das erwartungsgemäß sehr viel einfacher und brauchte nur einige **Tage**:

ses Recht auf ‚informationelle Selbstbestimmung' ist nicht schran- und das Gebot der Anonymisierung, in gleicher Weise zuverlässig sicher-

JUBEL UND FREUDE bei Maja Stadler-Euler und Gisela Wild.

kenlos gewährleistet. Der einzelne hat nicht ein Recht, im Sinne einer absoluten, uneinschränkbaren Herrschaft über ‚seine' Daten. Er ist

gestellt sind wie bei den statistischen Ämtern des Bundes und der Länder."
„Die Kombination der Volkszählung für statistische Zwecke mit dem Mel-

1983

**Frankfurter Rundschau**
16.12.1983

Nun, wer den regierungseigenen Drahtziehern nicht **sehr** nahe steht, wird in solch einem Schmierenstück kaum eine derart prominente Rolle spielen dürfen.

Und die gleiche, vorher gänzlich unbekannte Gisela Wild finden wir nun in Alice Schwarzers Anti-STERN-Prozeß auf der Anklägerseite wieder! Wie fragte Monod so richtig: Zufall oder Notwendigkeit... ? Nun, zuvor hatte sie jahrelang die ST.-PAULI-NACHRICHTEN vertreten, also **das** Schmuddelblatt Nr. 1, und da ergeben sich im Stadtstaat Hamburg (dem Ausgangspunkt und Testfeld der Berufsverbote und der Sektenhetze beispielsweise, auch Sitz des STERN) gewiß mancherlei Kontakte... genug, unsere Alice und unser Staat wissen ihre Leute zu wählen.

Auf jeden Fall ist klar, daß die Regierung aufgrund ihrer Zielsetzung – Schutz der Privilegien weniger, inzwischen sogar nur weniger US-Amerikaner, Arbeit, Dummheit und Abhängigkeit für alle anderen – die bessere Zeit niemals erfreulich fand und bei deren ersten Schwächezeichen sie zu erwürgen suchte. Das gelang ihr ja auch – nachdem die Arbeitslosigkeit den Boden dafür gelockert hatte, sonst wäre es kaum gegangen, denn noch immer bestimmt das Sein das Bewußtsein –; der Feminismus hatte die entscheidende Provokateursrolle, Trübnis und Heiraterei, Maxiröcke, Schlabberkleider und Latzhosen, schließlich Schwangerschaftsbetrug und sexueller Parasitismus wie gehabt traten an die Stelle früheren Aufatmens, die Prostitution erholte sich von ihrer Baisse und nahm rekordhafte Ausmaße an, nicht zuletzt dank staatlicher und propagandistischer Verteidigung; Koketterie und Sexualrollen, BH's und sogar Menstruationsgestank feierten ihr Comeback. Sogar der Körper – merkwürdigerweise nur der Frauen – veränderte sich: sie wurden kleiner und dicker, auf jeden Fall aber dicker bei gleicher Körpergröße. Um ihre Kundinnen das nicht merken zu lassen, veränderte die Textilindustrie die Größenangaben: aus der bisherigen Größe 42 wurde 40 usw.[2] Ebenso wurden die Jeans bei gleicher Weite kürzer: wirklich schöne Frauen, d.h. solche mit sehr langen Beinen und schlanken Hüften, fanden auf einmal keine passenden Hosen mehr – sie waren eine winzige Minderheit geworden, deren Versorgung sich nicht mehr lohnte. Tja, Körper und Geist scheinen eben doch zusammenzuhängen... auf jeden Fall machte die körperliche Verwahrlosung bei der Masse der Frauen offensichtliche Fortschritte, nachdem etwa dreißig Jahre zuvor eine entgegengesetzte, erfreuliche körperliche Veränderung stattgefunden hatte, in erster Linie gewiß bedingt durch eine drastische Verbesserung der Ernährung – Proteine braucht das Hirn! und für den Rest sind sie auch nicht schlecht –, aber sicherlich auch durch die berechtigte Empfindung, daß Disziplin sich lohnen kann, während Hoffnungslosigkeit sie untergräbt.

[2] Siehe FR 24.1.1995 (›Die Damen dürfen bei gleicher Kleidergröße etwas zunehmen‹) (Ausg. 124); ferner FAZ 24.1.1995 (Rubrik ›Wirtschaft‹) und 19.3.1999, p. 10; DER TAGESSPIEGEL 4.5.1995.

Reste der besseren Zeit halten sich, von Staat und Presse gehaßt, in stark verwässerter Form vorläufig noch bis heute, und ihre Wirkung auf die Aufrechterhaltung eines Restes von Lebensgefühl ist wahrscheinlich nicht einmal die allerkleinste: Miniröcke haben überlebt und machen zum Ärger der Feministinnen und Kirchen das Leben im Sommer etwas leichter, vor allem aber das Selbstwertgefühl deutlich stabiler; die weibliche Brust ist nicht ein ganz so elendes, verhaßtes und verfolgtes Unding wie in Adenauers oder Francos Klerikaldiktaturen, auch wenn es ihr übel genug geht; über das eigentliche Sexualverhalten schweigen wir uns lieber aus. Auch die winzigen sexuellen Liberalitätsreste, die sich als widerstandsfähig erwiesen haben, sind chronisch vom Staat bedroht: die teure Förderung der dermatologischen Melanomlüge (= Panikmache gegen Strandaufenthalte und jede großflächige Hautexposition), der Krieg gegen unkontrollierte Baggerseen oder gar städtische Erholungsflächen wie den Englischen Garten (mittels Heckenanlagen, Parkplatzterror und angeblichem Naturschutz – man ahnt kaum, wie viel Bürokratenschweiß und Beamtenhirnschmalz da drinsteckt!), der stete Druck auf die überlebende Produktenwerbung und sogar die Zeitungskioske sind nur wenige Ausschnitte. Die vorläufig dominierende staatliche Technik im Kampf gegen die Symbole sexueller Unbeschwertheit und Selbstbestimmung aber ist die *negative Kontingenz*, wie die Psychologen das nennen: die gleichzeitige oder unmittelbar aufeinanderfolgende Wahrnehmung zweier Bilder oder anderer Sinnesdaten heißt Kontingenz, eine negative ist somit die entsprechende Verknüpfung einer neutralen oder angenehmen Wahrnehmung mit einer unangenehmen. (Wesentlich zum Verständnis der Wirkung, die primär von Pawlow in Rußland, Watson in den USA erforscht wurde, ist, daß zwischen den beiden wahrgenommenen Eindrücken nicht die geringste kausale Verbindung nötig ist.) Die staatliche Nutzung dieses von Psychologen und Biologen untersuchten Vorgangs besteht darin, Nacktheit im staatlich geschützten Raum – aber **nur** dort!!! – durchaus zuzulassen, insbesondere Theatern und sogar Opern, aber nur dort, wo sie sozusagen nicht paßt, entweder befremdlich ist für die Handlung oder aber in einem aversiven Kontext auftaucht (cf. z.B. die Berliner Aufführung des unsäglichen Stückes ›Vorher/Nachher‹, ein Beispiel unter Tausenden).[3] Die letzte Großoffensive dieser

[3] Ganz kleine und gefährdete Ausnahmen sind allerdings dosiert gestattet, z.B. in der Dessauer ›Salome‹-Aufführung (Salomes an sich angemessene einigermaßen kurze Nacktheit paßte in die darum unter blöden Vorwänden anderer Art gescholtene hervorragende Petersburger Aufführung sehr viel besser als ihre etwas zu lange in Dessau) – die Botschaft lautet hier: »Unbelästigte Nacktheit ist Privileg des Staates, der alleine sie schützt und schützen darf; das zeigt mal wieder, wie freiheitsfreundlich und sexualitätsfreundlich dieser alte Veraidser, Abtreibungs- und Nacktbade- oder Brustwarzenjäger ist!« Aber das ist freilich ein Spiel mit dem Feuer, ein reines Übergangsphänomen zur bloßen Ekelkontingenz, die einem allmählich hundertprozentig des eigenen Erlebens beraubten Volk auch noch als Träger derselben obszön verlogenen heimlichen Selbstdarstellung seiner Vormünder

Art war die Hamburger Ausstellung ›Nackt‹ (merke: alles Übel kommt von Hamburg, neben den schon genannten übrigens auch die GLU, aus der die späteren »Grünen« entstanden).

Auf der einen Seite wird für sehr schale Freiheitsreste also Schalheit geleugnet und Normalität vorgelogen, wo Bedrohtheit herrscht, auf der anderen alles zur Zurückdrängung und Zerstörung auch dieser Reste geleistet. Auch die Anhimmelei der übelsten aller Religionen, des Islam, hat zeitweise dazu beigetragen, tut es vielleicht auch weiterhin noch, scheint aber durch das WTC-Attentat vorläufig einen Dämpfer erhalten zu haben; Fairständnisgetriefe jedenfalls für Taliban-Barbareien, zuvor abundant in unseren Medien (cf. e.g. GEO, Nr. 11/97), ist seither wie weggezaubert. Mal sehen, was noch kommt; vielleicht wird bald das täglich erstarkende christliche Gepfaff nach zweihundertjähriger außerkroatischer Zwangspause wieder übernehmen, aber das ist noch in der Schwebe. –

Normalitätsgelüge und Aversivstrategie bei gleichzeitig fortgesetztem Meucheln (der kümmerlichen Restwirkungen der Besseren Zeit) im Dunkeln – diese Analyse muß dem aufmerksamen Zeitbetrachter und Mitopfer nach jenen Hinweisen täglich selbst überlassen bleiben. Versuchen wir uns statt dessen zum Abschluß lieber auszumalen, was eingetreten wäre oder jedenfalls hätte eintreten können, wenn das bißchen Vorstoß, das die Bilder aus der Besseren Zeit repräsentieren, aber auch anregten, sich gefestigt hätte und vorangetragen worden wäre.

Ich habe immer wieder betont, wie unendlich allein die planlos-naturwüchsigen, aber zeitweise kraftvollen Vorstöße zur Humanisierung der Sexualität von allen organisierten gesellschaftlichen Kräften gelassen wurden, verhängnisvollerweise insbesondere der damals ein kurzes, aber beachtetes Leben entfaltenden »Neuen Linken«, die schauderhaft viele und treue unbegründete Hoffnungen an sich gezogen hatte und dadurch lähmte. Dadurch stießen die rasch erstehenden Kräfte der Finsternis und FeindInnen der Menschenwürde, die den Mösenpreis besorgt ins Bodenlose sacken sahen, auf absolut keinen Widerstand. Der einzige passive Widerstand hätte nur aus der Konsolidierung neuer Freiheiten zu Gewohnheiten kommen können, ein winziges Bißchen war das vielleicht der Fall, sonst wären wenigstens die jeder Schwarzer verhaßten, aber angenehmen und bequemen Miniröcke nicht nach der ersten müffelnden Feminismuswelle wieder aufgetaucht

---

und Verfolger verkauft werden soll. (Wie befreiend und stärkend wäre dagegen selbstverständliche Nacktheit auf der Bühne, wo sie die Handlung unterstreicht oder zu ihr gehört, also ohne daß diese als Vorwand ihres Auftretens für ein sexuell zwangsverkümmertes und -verkorkstes Publikum dient, ihre Verbotenheit somit also gerade noch einmal bestätigt, oder aber mit allerhand »prüden« Raffinessen versehen zwecks »zufälliger« Verdeckung »unanständiger« Körperteile, was den gleichen Effekt auslöst! – In der »besseren Zeit« gab es derlei ermutigend Unverschmutztes manchmal tatsächlich, so in der **ganz** großartigen russischen Inszenierung von Prokovjeffs ›Feurigem Engel‹, die ich in London gesehen habe, aber inzwischen ist **diese** Bühnennacktheit seltener geworden als das Javanashorn.)

und halbwegs erkämpft geblieben – mal sehen, für wie lange, die Presse mag sie gar nicht –, doch insgesamt blieb die Bilanz der sexuellen Humanisierung sehr mager, das Roll-Back, für das die Anti-STERN-Kampagne (mit verteilten Rollen – das millionenschwere Blatt spielte natürlich heimlich mit, es geht nur um den *nolens volens* erworbenen Symbolwert) als Erz-Beispiel steht. Nehmen wir an, die an Baggerseen und Küstenabschnitten staunend erworbenen Freiheiten hätten sich ein wenig ausgedehnt, auf größere und vor allem offiziellere Strandzonen, Wege in deren unmittelbarer Umgebung und vor allem die schwer kontrollierbaren Privatwohnungen (bei den Reichsten – und daher dem ungeeignetsten Teil des Volkes neben den Ärmsten – hatte dies in verklemmter und vorwändiger Form durch gelegentliche Nötigung der Gäste in die damals expandierenden Privatsaunen schon begonnen, aber ähnlich weit und dabei stets von Zweideutigkeit durchsetzt waren auch schon die kaiserzeitlichen antiken Römer), dann hätte die Tatsache, daß man alle körperlich dafür geeigneten Personen seines Umfelds unabhängig vom Geschlecht – und vor allem des entgegengesetzten Geschlechts – gewohnheitsmäßig und ohne Aufregung, aber auch ohne größere Sexualtabus als jederzeit sonst, nackt zu sehen bekam – d.h. ohne daß damit eine Autoritätsschädigung, wo diese impliziert sein konnte, noch zusätzliche sexuelle Beschränkungen verbunden waren –, langsam aber sicher zu einer Erosion der sexuellen Entfremdung und Entwürdigung geführt. Die technische Vereinfachung der sexuellen Kontakte hätte zu ihrer allmählichen Reinigung von Gier, Erpresserei, Quid-pro-quo, Übers-Ohr-Hauerei und Unfairneß geführt; umgekehrt hätte das stete faktische Bekenntnis auch der Frauen – das also erst die so angenehme Erleichterung schafft – zur ihnen, und nur ihnen, gesellschaftlich abgesprochenen sexuellen Subjekthaftigkeit diese Vereinfachung begünstigt, und in der von den oben genannten Verunzierungen und Erniedrigungen tendenziell gereinigten Sexualität hätten sich an deren Stelle Kooperation auch im außersexuellen Bereich, aufblühende Gemeinsamkeit geistiger und kultureller Interessen (die einer auf Prostituierteneinkünfte schielenden Frau versperrt bleiben müssen, weil ihr zu diesem Zweck mißbrauchtes Hirn zur Gänze von Koketterie und preissteigernder Taktik in Beschlag genommen wird) sowie schließlich pauschale Genuß- und Lernfreudigkeit ausbreiten können; die den Menschen in jedem Geschlecht so entsetzlich verunstaltenden und erniedrigenden, seiner eigenen Person entfremdenden und trotz aller gesellschaftlichen Verstärkung oder Überformung wohl aus dem Tierreich, wo wir es am wenigsten brauchen können, mitgeschleppten »Sexualrollen« hätten endlich absterben können. Dieses – und ihre Befreiung aus gesellschaftlicher Instrumentalisierung plus Unterdrückung zwecks entsprechender Lenkung – hätte »Humanisierung der Sexualität« überhaupt bedeutet.

In Naheinstellung auf unseren historischen Zeitpunkt der Besseren Zeit bedeutet das nun: hätte man die attraktiveren unter seinen Mitmenschen ohnehin bei angenehmen Anlässen selbstverständlich und gewohnheitsmäßig immer wieder nackt getroffen, wie dies ihrem endlich befreiten und ohnehin latenten Wunsch entsprach (welche Basis nach kurzer Anlaufzeit zur Reziprokität tendiert hätte), dann wäre nicht nur die mutmaßlich tiefsitzendste und daher wirksamste aller subjektiven gesellschaftlichen Drohungen für die eigene Person durch Eigenerfahrung sowie durch das Erleben des dem eigenen gleichenden Subjektstatus aller anderen ernstzunehmenden und leidlich glücklichen Personen bis zur völligen Zerbröselung erodiert, sondern auch Schwarzers ganze Kampagne hätte unheilbar lächerlich, der feministische Pro-Prostitutions-Krampf (»Sex ist Arbeit«) hätte so ekelhaft und abstoßend gewirkt, wie es ihm gebührt. Damit aber – durch die Permanenz oder wenigstens lange Dauer der nur in der kurzen Besseren Zeit existierenden Bilder – wäre eine stete Rückkoppelung und Festigung des erreichten Niveaus der sexuellen Humanisierung eingetreten, dessen Folgen trotz aller ökonomischen Zerstörungen, d.h. der Zerstörung der Kompromißerrungenschaften der Arbeiterbewegung durch Import von Lohndrückern aus Ländern ohne solche bzw. Kapitalexport (= Kapitalflucht) in diese, zu einer größeren Bereitschaft zur Verteidigung des einmal errungenen Lebensstandards geführt hätten. Denn ökonomische Unerpreßbarkeit, Unerpreßbarkeit überhaupt ist die zentrale Voraussetzung für Menschenwürde als Normalzustand; sie ist auch die Voraussetzung sexuellen Mutes und sexuellen Erlebensreichtums, sexueller Unbeschmutztheit.

Vielleicht hebt jetzt, propagandabehämmert wie wir alle schuldlos werden, in diesem oder jenem Kopf das sozialarbeiterische Gegreine an: wie darf man für alle das Leben verschönern, für alle die sexuellen Möglichkeiten verbessern, wenn durch die böse Laune der Natur doch nicht alle sie nutzen können?! Wozu die Möglichkeit guten Lebens für Nicht-Erben, wenn es doch Nicht-Erben gibt, denen die Natur gutes Leben verwehrt? (Über die gleiche Problematik bei ordentlichen Erben hat auch des sozial angehauchten Sängers Höflichkeit zu schweigen.) Wie darf man allen erlauben, nackt zu sein, wo und wann sie wollen – jedenfalls außerhalb der Dienstzeit und des Dienstbereichs –, wenn doch etliche zu häßlich oder zu alt dafür sind, diese Möglichkeit nutzen zu wollen (außer höchstens für schlechte Zwecke, etwa um anderen die Freude zu verderben, wenn sie schon analog zu Richard III. und Schwester Johanna von den Engeln keine eigene haben können) und daher ihre Lebensqualität relativ zu den Glücklicheren **noch** schlechter wird? Sollte Neid nicht in diesem Zusammenhang als ein gottwohlgefälliges, schützenswertes und anspruchberechtigtes Gefühl geadelt werden?

Nun, auch in der hyperhochedlen US Army bestimmen bei der Besatzung und Zerstörung der letzten unbotmäßigen Weltecken nicht die Fußkranken die Marschgeschwindigkeit, ohne daß deswegen auch nur ein einziger Journalist von seinem »Faschismus, Faschismus!«-Schreikrampf gepackt und geschüttelt worden wäre. Nur weil einige Leute nur ein Bein haben, besteht noch lange nicht die Pflicht, allen anderen auch eines abzusägen, damit jene nicht so traurig sein müssen, und außerdem dürften sie ihres auch nicht lange behalten, da es manche Leute ganz ohne Beine gibt. Und was machen dann eigentlich die blinden Beinlosen? Kurzum, etwas Schlechteres findet sich immer, aber das ist kein Grund, etwas Gutes zu verschlechtern. Wer Pech hat, muß es ertragen; Aufgabe der Menschheit ist dagegen, die Quellen dafür möglichst zu verstopfen und die Natur überall kompromißlos zu bekämpfen, wo sie die menschlichen Glücksmöglichkeiten einschränkt oder gefährdet – ein echtes Anti-Pfaffen-Programm, aber den Feinden der Menschheit ist nun einmal kein Vetorecht einzuräumen, es ist vielmehr sicherzustellen, daß sie, wenn sie nun einmal quälen wollen, ausschließlich sich selbst und ihre freiwilligen, aber wirklich freiwilligen Anhänger quälen können (freilich nimmt ihnen diese Einschränkung jede Lust dazu, aber gerade aus den oben angegebenen Gründen braucht uns das nicht zu jucken). Ein Verbrechen ist jede, wirklich jede Abweichung von diesem Ziel, keineswegs aber die Unterlassung der Zerstörung von Glücksmöglichkeiten von vielen, um eine geringfügige Vergrößerung der Unglücksempfindung eher weniger aus niedrigen Beweggründen derselben zu vermeiden.

Dafür ist aber klar, warum den Nutznießern erbrechtlicher Irrationalität (= Geburt statt Leistung) die Bessere Zeit nicht gefallen konnte (und mit ihren aus den minderwertigsten Teilen aller betroffenen Völker stets spontan entstehenden Helfern haben sie ihre Zerstörung ja auch geschafft). Denn da Vollbeschäftigung nun einmal die Grundlage jenes so tausendmal angenehmeren Erlebens als früher abgibt, wäre auch bei dessen Festigung ein gewisser Verteidigungswille dafür entstanden; parallel dazu wäre die Heiraterei zurückgegangen, die Bevölkerungszahl wäre umwelterlösend geschrumpft, hätte aber die Löhne in die Höhe gedrückt und die Mieten absacken lassen. Sogar der Lohndrückerimport aus unglücklicheren Weltgegenden hätte das Problem (für die Ausbeuter oder *happy few*) so wenig in den Griff gekriegt wie die Kapitalflucht: denn erstens wäre er nicht ohne hoffnungsvolle Gegenwehr der Geschädigten verlaufen, zweitens hätte das Beispiel der glücklicheren Staaten deren Völker nach einer Weile **angesteckt**, Thailänder und Inder achteten durchaus auf das europäische Vorbild, und hätte es Rückgrat mit Dauer verbunden, wäre die Ansteckung mit dem »Rassetod«, wie das im faschistischen Umfeld hieß, d.h. sinkender Geburtenrate, nicht aufzuhalten gewesen; das beste Beispiel dafür sind unsere Immigranten, deren Sauberkeit bisweilen diejenige ihrer Wirtsvölker übertrifft, während ihre Geburtenrate sie in der zweiten Generation sogar oft unterschreitet. Also nachstopfen!

Aber woher nehmen, wenn **alle** Völker lernen, daß es ein Leben vor dem Tod geben kann?! (Sollte **wirklich** einmal die Weltbevölkerung unter ein Maß sinken, das die Ernährung extremer Spezialisten – der Medizin, der Technik oder der Erkenntnis, z.B. alter Kulturen, seltener Insekten oder subatomarer Teilchen –

unwirtschaftlich zu machen droht, stellt sich immer noch das anscheinend lösbare Problem der künstlichen Plazenta – wo ein Wille ist, ist immer ein Weg, und dazu stets das larmoyante Umgekehrt!)

Diese Perspektive, die humanistische statt theistische oder sonstwie ideologische, die egalitäre statt erbrechtliche, schöne statt scheußliche, wurde versäumt und versaut. Die Bilder aus einer besseren Zeit erinnern an sie.

Schauen Sie sie sich noch einmal unter diesem Aspekt an.

Scheuen Sie sich nicht zu trauern.

1978

*Dies ist das einzige thematisch einschlägige Dokument außerhalb der in diesem Buch besprochenen Zeitspanne. Mit ihm verabschiedet sich der STERN nach dem Schwarzer-Prozeß sozusagen von seinem Publikum und mit ihm die ganze Epoche. Das Bild ist nicht nur das letzte seiner Tradition, sondern drückt auch – nur noch einmal! – die letzte öffentliche antifeministische Aussage eines »Starken Senders« aus: auch Frauen haben heterosexuelle Wünsche, sie sind im Gegensatz zur Schwarzer-Wild-These nicht von der Natur zu Asozialität oder Prostitution verdammt. (Damit hält das Massenmagazin sein von nun an heimliches Publikum bei der Stange, das diese humanistische Position latent weiterschleppt.) Das feministische Nachgekreisch erreichte pflichtgemäß die Leserbriefspalten der nächsten Nummer, und das war's.*

# Literaturliste

FOLEY, Robert 2000: Menschen vor Homo sapiens. Stuttgart (Thorbecke)

HOEVELS, Fritz Erik 1984: Das Tabu der Nacktheit. System ubw 2/1984. Freiburg i.Br. (Ahriman)

HOEVELS, Fritz Erik 1998: 30 Jahre Ketzer. Freiburg i.Br. (Ahriman)

SARIAL, Susanne 1994: Verhüllungszwang und Feminismus. Ketzerbriefe Nr. 54. Freiburg i.Br. (Ahriman)

# Anhang

(Drei Artikel aus den KETZERBRIEFEN Nr. 106 und 118.) Der letzte stammt von mir, die anderen halte ich für einer stabileren Veröffentlichungsform als bisher würdig. Und wer noch mehr wissen will, sollte sich den ebenfalls interessanten KETZERBRIEF Nr. 54 (lieferbar) besorgen, der einen längeren klugen und mutigen Artikel von Susanne Sarial enthält, dem ich einiges verdanke.

*Diesen kollektiv erstellten Text verteilte der ›Bund gegen Anpassung‹ zum geeigneten Zeitpunkt in Hamburg, natürlich unter eisernem Schweigen der schon lange (ca. 1977) abschließend und verläßlich gleichgeschalteten Presse und sonstigen Medien.*

# Eine Nachlese zur Ausstellung

# »NACKT« (2002)

Seit geraumer Zeit wurde diese Ausstellung von den Monopolmedien (STERN, allen großen Zeitungen der BRD) hochgejubelt und schmackhaft gemacht. Tenor dabei ist, in der Öffentlichkeit nackt zu sein, sei ja sooooo selbstverständlich, soooo gefahrlos, sooo langweilig und alltäglich, ja, man könne der Darstellung von nackten Personen schon gar nicht mehr entrinnen – oder am Ende echten Personen selbst?!? – so schwer entrinnen also, daß das schon richtig schlimm sei, ja, richtig schlimm.

Dies geschieht zu einem Zeitpunkt, wo die Ostseebäder, an denen ganz allgemein und gewohnheitsmäßig seit Jahrzehnten nackt gebadet wurde, ohne daß man es mußte, eins nach dem anderen versaut und verspießert werden, wo ein Baggersee nach dem anderen von unserer Bürokratie listig und teuer unter allerhand Vorwänden unzugänglich gemacht wird, damit die von Arbeitsstreß oder Arbeitslosigkeit geschundene Bevölkerung nicht in ihrer Freizeit, die sie dann bei gutem eigenem Aussehen und Wetter recht gerne und experimentierfreudig nackt verbringen will und könnte, ein Freiheitsgefühl, eine Gutartigkeit und einen Mangel an Leidenswillen entwickelt, den sie um Himmels willen nicht an den Arbeitsplatz zurücktragen darf; und wo, sehr im Gegensatz zu der reicheren und besseren Zeit vor dreißig Jahren, niemals ein attraktiver Mensch auf irgend einer Werbung nackt zu sehen ist – jede weibliche Brustwarze fiele in Windeseile pogromgeilen Kreischerinnen zum Opfer, die den Staat hinter sich fühlen – oder die Körperhaltung ist so »geschickt« und prüde verdreht, daß ja kein »unanständiges« Körperteilchen zu sehen ist. Auf dieser Muffel- und Heuchel-Grundlage läßt sich dann, wie immer, herrlich kokettieren.

**Das** ist die Lage, in der die Hamburger Ausstellung

»NACKT«

den letzten Deckel auf das letzte bißchen persönliche Lebensgefühl knallen und den Holzhammer auf das letzte bißchen freie Atmen hauen soll.

### Wie macht sie das?

Ganz einfach: neben ganz wenige **schöne** Bilder, vorzugsweise des 19. Jahrhunderts, damit sich niemand an die bessere Zeit vor 30 Jahren erinnert, auf denen attraktive Menschen nackt zu sehen sind, werden ungeheure Mengen Bilder bzw. Photos gehängt, auf denen kranke, alte, verstümmelte und häßliche Menschen nackt zu sehen sind – die Psychologen nennen sowas »Kontingenz« (Tier- und Menschenversuche zeigen, daß sie immer klappt –

hat man zwei eindrucksvolle Bilder gleichzeitig oder nebeneinander gesehen, kann man nicht mehr an das eine denken, ohne daß das andere auftaucht – **nicht** an einen Bären oder einen Brustkrebs denken, bitte!). Dazu kommt dann jede Menge anrüchiger oder obszöner, auf jeden Fall aber sexuell eher zwielichtiger bis deutlich niederdrückender Bilder, und die wenigen angenehmen und schönen, die man ja schließlich auch noch zeigen muß, damit die Kontingenz einrasten kann, um die alleine es den Bürokraten im Hintergrund geht, werden aus alter bis uralter Zeit genommen, damit die Idee der sexuellen Unbeschwertheit und durch keinen Dreck vergällten Anziehungskraft so richtig »verstaubt«, »bildungsbürgerlich« und so recht als Auslöser für kicherig-dumme Gleichgeschaltete wirkt – Narben, Falten, Geschwüre und Erniedrigungen sind ja doch soooo schick, soooo modern, und auch noch sooo intellektuell! (Denn über das Ganze wird per Begleitprogramm und Katalog auch noch ein verdreht intellektuelles Gewichse ausgegossen, daß es einem im Hirn noch schnattert!)

Das ist also der ganze Trick – aber er ist lange und bis ins Feinste ausgeklügelt, irgendwo müssen unsere Steuern und (indirekt) Sozialabgaben ja hin (es wäre doch zu schade drum, sie einfach für Rentner, Arbeitslose und Kranke zu vergeuden, nur weil sie sie vorher einbezahlt haben – das gilt natürlich auch für teurere Dinge als ein paar Ausstellungsbürokraten, aber man darf ja schon mal deren Gehälter mit der »Arbeitslosenhilfe« vergleichen...). Aber die paar Organisatoren handeln keineswegs auf eigene Faust, das zeigt nicht nur die ausgeklügelte Gleichzeitigkeit mit ähnlichen Ausstellungen in Deutschland und den USA plus der entsprechenden, die Überregionalität durchaus herausstreichenden ganzseitigen Pressereklame für sie, sondern auch die entsprechende Verfilzung genau dieser alles entscheidenden Presse, ohne welche die Ausstellung sehr viel weniger Besucher gehabt hätte, mit der Regierung (man beachte einmal z.B. das seit Jahrzehnten wie geölt laufende Personenpingpong zwischen eben jener Regierung und ihren Vorläufern mit dem STERN). Man darf sicher sein: hinter den Kulissen war was los, auch hier ist nichts dem Zufall überlassen, egal, was die Lehrer und die Durchführenden selber dazu sagen.

Denn auch das bißchen private Annehmlichkeit, das unverkrampfte und unversteckte Nacktheit in der Freizeit bedeutet, wurde dem Volk niemals geschenkt oder freiwillig gegeben – es soll ja nie auf den Geschmack am guten Leben kommen. Darum hat es sich dieses Recht (oder leider bis heute nur: diese praktische Möglichkeit) immer nur dann **ertrotzt**, wenn seine Oberen aus irgendeinem Grunde schwach und durcheinander waren, erstmals nach dem Sturz der Kaiserreiche (d.h. dem 1. Weltkrieg), als es schwierig war, die ausgebrochenen Schafe wieder in die dann letztlich doch gerettete alte Hürde zurückzutreiben und private Nebenfronten erst einmal vernachlässigt werden mußten; **das** und nichts anderes erklärt die vielen expressionistischen Bilder von den damaligen (»Weimarer«) Baggerseen (und Naturseen, vor allem in der Umgebung Berlins); sie waren einfach leicht stilisierte Abbildungen der Wirklichkeit, nicht – wie im »bildungsbürgerlichen« 19. Jahrhundert – bloße Künstlerphantasien. Von **diesen** Bildern bekamen Sie daher in der teuren Ausstellung

»NACKT«

kein einziges zu sehen. (Obwohl sogar für einen – zum Thema etwas abwegigeren – falschen Michelangelo die Mühe nicht zu groß war.)

Erst Hitler konnte die demokratietypische »Baggerseefreiheit« zerstören – und es war ihm ein Anliegen von sehr hoher Priorität, genauso wie Jahrzehnte später seinem Gesin-

Otto Mueller, Sich umwendendes Mädchen und Knabe beim Baden, um 1920

Otto Mueller, Drei Badende im Teich, 1919

nungsgenossen und politischen Zwilling Pinochet (der sich schon in den ersten 48 Stunden seiner Diktatur, als seine Erschießungskommandos ca. 1% der chilenischen Bevölkerung ausradierten, was immerhin Arbeit macht, persönlich um die Vernichtung der Nacktbadestrände bei Santiago de Chile kümmerte. Historisch authentische Faschisten und die Kirche wissen eben immer, was sie wollen – nur das Volk ist meistens so schrecklich blöd!).

Blutrünstig war die SED freilich nicht, aber auch nicht so demokratisch, wie sie und viele andere mit unterschiedlichem Tarnanstrich bis heute da und dort behaupten – sie war schikanös, unselbständig und vor allem schwach –; denn erstens hatte sie als blasser Schatten einer durch Stalins und seines deutschen Vertrauten Herbert Wehners blutige Mühlen gedrehten, von Hitler vordezimierten Rest-KPD keine eigene Kraft mehr, zweitens konnte sie nicht auf eine Jahrtausende lang kontinuierliche weihrauchmuffelnde und orgeltönende Behämmerung ihrer Untertanen zurückgreifen (auf **ihre** Herrschaft waren sie nicht dressiert), und drittens hing sie von einer sturen, mit törichter Selbstgefälligkeit und Brutalität regierten, vor allem aber armen und industriell rückständigen Besatzungsmacht ab. Aus genau dieser Schwäche heraus konnte sie sich eine zusätzliche private Front gegen ihre auf ein wenig Lebensgefühl Wert legenden Bürger nicht auch noch leisten, obwohl sie von deren Eroberung der Ostseestrände keineswegs begeistert war – aber hätte sie hier auch noch durchgegriffen, so hätte sie fast alle ihrer kritischen bis sehr kritischen, auf jeden Fall aber nicht *a priori* und aus finsteren Gründen (Hitler, Papst u.ä.) feindseligen Sympathisanten verloren. So wurde zum zweiten Mal die wichtige Freiheit zum Nacktsein im Freizeitbereich erkämpft, und gegen die knurrende, aber durch die Umstände gebundene SED entstanden Bilder wie dieses:

Sog. »Kameruner Fest« am Ostseestrand von 1953 (!)

**Dieses** Bild bekamen Sie in der Ausstellung

## »NACKT«

natürlich auch nicht zu sehen, genausowenig wie ähnliche Schlüsselbilder zum Thema. Man bedenke, daß es am Anfang einer Entwicklung stand, die in der DDR zu einer gefestigten echten Entscheidungsfreiheit führte, ob man in den »angenehmen« Bereichen des Lebens wie Freizeitstränden Kleider tragen wollte oder nicht, und das zu einer Zeit, wo die Sexualschergen Adenauers jede Brustwarze jagten, das Leben Hunderttausender Jugendlicher zerstörten und Homosexuelle auf Hitlers Spuren in Gefängnis und Selbstmord trieben, während die offen bluttriefende Polizei von Hitlers und des Papstes Retortenbaby Franco – zum Zeitpunkt obigen Photos – sogar zur Hatz auf gewöhnliche Bikinis ansetzte. Man sieht eben immer, was und wer wohin gehört, und **da** sind historische Bilder oft hilfreich. Die Ausstellungsleitung hatte gewiß große Mühe, sie zu umgehen.

Denn der **dritte** Schub in unserem Thema – der Freiheit, Kleider zu tragen, wann und wo man will oder nicht will – kam im Rahmen der gleichen Konstellation auf, die auch die (freilich mißglückte) Studentenrevolte zur Folge hatte: die Verbrauchtheit der nach dem 2. Weltkrieg Westeuropa aufgezwungenen Klerikalregimes und das atomare Patt zwischen USA und SU – wenn sich zwei streiten, freut sich der dritte und kriegt Luft (was man z.B. am gleichzeitigen Vietnamkrieg sehen konnte, der für die Invasoren anders verlief als für eine heutige »Friedenstruppe«). Also gab es auch und zum dritten

Mal im privaten Bereich ein Aufatmen und ein Kettensprengen, dem die kontinuierlichen Machthaber, diesmal auf der US-Seite, zunächst fassungslos und verstört zusahen. Aus **dieser** Zeit liegen zahllose charakteristische und vielsagend **schöne** Bilder vor, vor allem aus der damaligen Werbung und den STERN-Titelbildern, gegen welche Alice Schwarzer mit Medienunterstützung so geifernd zu Felde zog (ob sie beim Betrachten eines Adenauer- oder Franco-Portraits heimlich **doch** einen Orgasmus bekommt? – wir fragen ja nur). Der STERN wehrte sich – mit seinen doch **sehr** beträchtlichen Mitteln – kein bißchen gegen die Kampagne; er hatte mit dem Strom schwimmen müssen, als dieser stark war, um nicht, noch war die Monopolisierung noch nicht vollendet, Marktanteile und vor allem Einfluß – der wiederum den Gewinn durch die Anzeigenpreise sichert, welche nur die einflußreichste Zeitschrift am höchsten halten kann – an andere, z.B. das damalige KONKRET, abgeben zu müssen. Jetzt war die Gefahr vorbei, uff! (Denn die erstmals einsetzende Arbeitslosigkeit begann, auf Lebensgefühl und Freiheit zu drücken.)

Nun, **diese** Bilder, die wichtigsten von allen, sahen Sie in der wohldurchdachten Ausstellung

## »NACKT«

natürlich nicht. Wir rufen hier ein paar wenige typische in Erinnerung.

*Urlaub war damals noch angenehmer, schöner und sogar billiger als heute – **und** häufiger!*

*Heute würde sie angepöbelt. Damals konnte sie sich wohlfühlen und tat es.*

Ja, **die** kommen aus einer besseren Zeit – hinsichtlich Freiheit, Geld, Gesundheit und sogar Geist –, und daher haben sie in dieser Ausstellung nichts verloren; sie will uns diese Dinge ja grade madig machen, ohne es zuzugeben.

*Und das ist einfach ein Realdokument – keine (notgedrungen künstliche) Werbung, kein seltener »Schnappschuß«, keine Ausnahmesituation. (Aus dem damaligen Münchner »Englischen Garten«.)*

Am wichtigsten sind diese Bilder der dritten Runde deshalb, weil sie an die Zeit erinnern, aus der trotz allen Verfalls **noch immer** ein paar private Freiheiten erhalten geblieben sind, die unsere Zeit **immer noch** von dem vielgepriesenen Islam unterscheiden (oh, wie pries z.B. GEO noch ein paar Monate vor dem erzwungenen Schwenk die lieben Taliban [Nr. 11/97], wie warben unsere Medien noch kurz vorher mit einheitlich triefenden Hundeaugen für »Fairständnis« auch der scheußlichsten Barbareien wie Kunstvernichtung und Zwangsverschleierung für Frauen ebendort!) – oder nun einmal von der ihm sehr ähnlichen, noch gar nicht so lange vergangenen Adenauerei und ähnlich freudlosen Finsternissen. Um den Großangriff auf diese gedankenlos, aber verhältnismäßig zäh überlebenden privaten Freiheiten einzuleiten, wurde diese Ausstellung

## »NACKT«

mit all ihren Parallelunternehmungen organisiert. –

Nun könnte wieder mal jemand sagen, wir sähen das falsch – oder »einseitig« – oder, Lieblingsgeschwätz aller Realitätsleugner, wir »übertreiben« (komisch, daß wir dann in den letzten 30 Jahren mit nahezu allen unseren Vorhersagen – einschließlich der des Untergangs des Ostblocks 5 Jahre vor dem Ereignis aufs Jahr genau – permanent recht hatten, als alle anderen noch alles abstritten! [Schwarz auf weiß nachzulesen in der Dokumentensammlung ›30 Jahre Ketzer‹, Hg. F. E. Hoevels]).

Aber bitte, wenn wir unrecht haben, **das läßt sich überprüfen**. Ton bis Gequengel **aller** Zeitungen zum Thema sowie der Ausstellung

## »NACKT«

ist ja, nichts sei so selbstverständlich, so unsensationell, so toleranzgesichert, wie Nacktsein in der Öffentlichkeit.

...det? Wohl kaum, denn prüde, wie ...tere Generationen, waren die Griechen des Altertums nicht. Körper ...urden zwar mehr und mehr kleidungsmäßig verhüllt, der Nacktheit ...ah man aber auch auf öffentlichen ...Wegen unverstellt ins Auge.

Wer sich an Nacktem sattgesehen hat, darf es sich nicht entgehen lassen, im „Museum für Kunst und Gewerbe" noch einen Stock höher zu steigen – es lohnt sich. Dort erwartet ihn die fast schon Atem beraubend zu nennende Inszenierung „Design Mensch – Körper, Hüllen, Oberflächen", eine kleine Schau bunt zusammengewürfelter Exponate zur modernen ästhetischen Gestaltung – vom Motorradhelm über das Rennrad und den Rollstuhl bis hin zur Prothesentechnik, angereichert wird das Ganze

„Nackte Tatsachen" sind uns spätestens in den vergangenen 30 Jahren selbstverständlich geworden. Trotz...

halten. Selbst die Museen – diese Weihestätten kultureller Leistungen – setzen inzwischen auf Nacktheit. Das Münchener Haus der Kunst beschäftigt sich derzeit mit „Prüderie und Leidenschaft", das Hygiene-Museum in Dresden mit „Sex. Vom Wissen und Wünschen". Die Tate Modern in London zeigt „Desire Unbound" – ungehemmte Lust im Surrealismus. Die Titel dieser Ausstellungen werden bewusst auf den Effekt hin pointiert. Das Hamburger Museum für Kunst und Gewerbe kann dem Andrang der Medienvertre-

in Naherholungsgebieten zu dulden. Modedesigner entwerfen selbstverständlich Kleider, die den Busen freilassen. Wer einen nackten Körper sehen will, muss nicht mehr in das Biologiebuch schauen. Schwieriger wird es dagegen, wenn man *keinen* nackten Körper sehen will – was keineswegs nur für Zuwan-

Wir erlauben uns heute, alle Sinne permanent zu stimulieren. Aber wer weiß, vielleicht sind der Überdruss an all den Sinnesreizen und die Abstumpfung schon bald so groß, dass wir der Freiheit Grenzen setzen wollen. Um wieder solche bescheidenen Momente genießen zu können, wie einst die Josefine Mutzenbacher in dem gleichnamigen Roman von Felix Salten aus dem Jahre 1906. „Er kam zu mir und stand vor dem Bett. Ich hob ruckweise meine Kleider: ‚Jetzt siehst du noch nichts?', sagte ich. ‚Jetzt auch noch nicht?' Ich hob wieder ein bisschen und meine nackten Schenkel kamen zum Vorschein. ‚Jetzt auch noch nicht?' Er schaute mich an, lächelte und rührte sich nicht. ‚Aber jetzt!' rief ich und deckte mich auf."

einem Internetforum geschrieben. Doch man entkommt ihr kaum, weil Nacktheit als Ausdruck der persönlichen Freiheit gilt. S...

Aus zwei Artikeln, erschienen in Ärztliche Praxis, 2. April 2002 und Wochenendbeilage der Stuttgarter Zeitung, 2. März 2002

Wenn Sie uns nicht glauben und sich den Spaß leisten wollen, gehen Sie doch nach Zahlung Ihrer teuren Eintrittskarte einfach einmal **nackt** in einen dieser derzeit in mehreren Städten und zukünftig möglicherweise auch wieder in Ihrer Nähe zu findenden Horte der gelangweilten Freiheit und intellektuellen Blasiertheit! Eine Minute genügt... Sie werden sich wundern... Dann fällt die blasierte Toleranzmaske nämlich ganz schnell runter... freilich, Sie tun's auf eigene Gefahr!

Ohne eigene Gefahr können Sie's auch, wenn Sie jung genug sind und angenehm aussehen (denn **sonst** wäre es ja **im Sinne** der Ausstellungs-Propagandastrategie statt gegen ihn), einmal in Ihrem Privatbereich versuchen. Die Reaktion wird **sehr** viel pikierter ausfallen als vor 30 Jahren in der gleichen Situation, wo sie es nämlich nicht wäre, und **das** sollten Sie im Bewußtsein festschrauben und mal neben die Wichsertexte von Zeitung und Ausstellung halten – die Zerstörung der besseren Zeit nicht vergessen, denn nur das historische Gedächtnis schützt vor Sklavenmentalität... und dann kurz an die bejubelte Frau Schwarzer und die lieben Moslemfanatiker und die Hamburger Museumsbürokratie denken... kurzum, das Experiment lohnt sich.

**Die persönlichen Berichte**

*Alle vier Beiträge wurden kurz nach den Ereignissen niedergeschrieben und nicht aufeinander abgestimmt. Dadurch bleiben sie authentisch, überschneiden sich aber manchmal.*

Bild I

**Zu Bild I**

Als ich zunächst von der Hamburger Ausstellung ›Nackt‹ hörte, erging es mir wie wahrscheinlich den meisten der potentiellen Ausstellungsbesucher: Ich war verblüfft über die plakative und unumwunden offensive Wahl des Titels, wo doch normalerweise bei diesem Thema schon die Wortwahl den Gewaltniederschlag widerspiegelt und immer, wie etwa auch bei dem wesentlich gespreizter daherkommenden Untertitel ›die Ästhetik der Blöße‹, um den heißen Brei herumgeredet wird. Das plakativ gehaltene »Nackt« ist geeignet, eine von Spannung getragene Erwartungshaltung zu wecken, ob nicht entgegen aller täglicher Erfahrung es diesmal tatsächlich ermutigend ums Thema gehe, wo doch ansonsten Nacktsein in der Öffentlichkeit praktisch ausgeschlossen ist, es sei denn, man sucht aktiv und entgegen einem nicht zu unterschätzenden subjektiven Niederschlag des objektiven Gewaltverhältnisses in Form ängstlicher Spannung oder ungebetener feindseliger Maulaffen Situationen herzustellen und dabei an Relikte aus einer noch gar nicht so lange zurückliegenden besseren Zeit anzuknüpfen, die diese Gewalt gehörig erodieren ließ und wofür die Baggerseen oder Nacktbadegelegenheiten an der Nordsee auch heute noch stehen.

Dank einer grundlegenden Ermutigung ist mir dies hin und wieder gelungen, nie aber so nachhaltig wie im vorliegenden Fall, und ich war sowohl als passiv wie als aktiv Beteiligte immer wieder überrascht, wie schnell, ist erst einmal die Nacktheit hergestellt und sind die ersten spannungsreichen Minuten verstrichen, sowohl die inneren wie auch die äußeren Maulaffen verstummen, zumal es keinem schadet, sondern im Gegenteil für alle, die sich ein Empfinden für das persönliche Wohlergehen bewahrt haben, allein durch das Dementi der Gewalt von ausgesprochen befreiender Wirkung und nahezu unwiderstehlicher Anziehungskraft ist. Man läßt sich nicht gerne vorschreiben, was man zu tun und zu lassen hat, wenn es dafür keine vernünftige Begründung gibt.

Ich stelle diese Zeilen dem folgenden Bericht voran, weil die Hamburger Ausstellung so tut, als könne man sich vor lauter Nacktheit kaum retten, als sei sie – intellektuell aufgepeppt – in allen Zeiten und Gesellschaften ubiquitär, und damit meint sie zunächst verlogen: virtuell. Nur darf sie das in aller Offenheit nicht zugeben, und so entfaltet ihr Titel sein stinkendes Aroma wie die Duftstoffe südamerikanischer Kannenpflanzen: als Lockstoff für potentielle Opfer mit zwar nicht tödlichem, aber nachhaltig zerstörerischem Ausgang.

Allerdings, in dieser Deutlichkeit war mir der finster verlogene konzeptionelle Gehalt der Ausstellung zu dem Zeitpunkt, als ich den Entschluß faßte, einen thematisch eingebundenen Vortrag nackt zu besuchen, nicht bewußt, wenn ich auch zu jedem Zeitpunkt davon ausgegangen bin, daß ich den Veranstaltern nackt nicht willkommen sein würde.

Zunächst galt es, die konkrete Gefährdung abzuwägen, d.h. ob es die Veranstalter wagen würden, die Staatsgewalt zu rufen und damit das Risiko einzugehen, ihr verlogenes Konzept platzen zu lassen. Nachdem ich mir klarmachte, daß es vor der Öffentlichkeit einfach zu schlecht wirken würde, wenn ausgerechnet anläßlich einer Nackt-Ausstellung die einzige, sehr wahrscheinlich überhaupt je anwesende nackte Person von der Polizei abgeführt wird, die sich noch dazu keine weiteren »Formverstöße« zuschulden kommen ließ, als eben das zu sein, was die Ausstellung thematisiert, nackt, hielt ich es doch für sehr unwahrscheinlich, vor allem aber fand ich zunehmend Geschmack an der Vorstellung, **die Veranstalter bei ihrem verlogenen Wort zu nehmen und durch meine bloße Anwesenheit ihre Strategie zu durchkreuzen**.

Der Plan, den ich faßte, war folgender: Ich wollte einen wie auch immer thematisch korrelierten Vortrag besuchen, wie im einzelnen korreliert, darauf kam es nicht an (nur vor dem offen negativ besetzten Thema ›Nacktheit und Gewalt‹ wäre ich wohl zurückgewichen), mich demonstrativ an einer auffälligen Stelle plazieren, mich sodann, nachdem der Vortrag begonnen hat, unter dem Schutz des offiziellen Rahmens ausziehen, auch – sollte sich die Gelegenheit ergeben, ohne daß es gekünstelt wirke oder einen Formverstoß beinhalte, zwecks Vermeidung der Aufmerksamkeitsverschiebung auf Unwesentliches, das sicher liebend gerne zum Vorwand genommen worden wäre, um gegen mich auf Umwegen vorzugehen – einmal umhergehen und ansonsten, auf die mir ja durchaus bekannte Explosionskraft der Nacktheit vertrauend, nur dann etwas sagen, wenn ich direkt angesprochen würde.

Es war gut, daß ich, nachdem ich den Plan innerlich gefaßt hatte, dazu ermutigt wurde, ihn mit Freunden zu diskutieren. Ich glaube, ich wäre dem zunächst lieber ausgewichen, um dann, wäre die Gefahr größer gewesen, ihn innerlich wieder umzustoßen. Vor allem aber war ich so gezwungen, ihn auf seine Stichhaltigkeit in der Durchführung zu überprüfen und mir dabei bewußter zu machen, wie sehr ich innerlich von einer Gewaltbereitschaft der Veranstalter, z.B. der regelhubernden Aufseher innerhalb des eigentlichen Ausstellungsteiles, ausging, sofern dieses sich mit ihrem heuchlerischen Konzept in Einklang bringen ließ, und diese Gefahr hätte bei Aufsehern, die nur ihrer Pflicht nachkommen, durchaus bestanden. Besonders wertvoll war, daß mir so klarwurde, daß ich zur Unterstützung mehr als einen »Mittäter« benötigte, die ich in Gestalt einiger Freunde sehr schnell und verständig fand. Die genaue Zahl wird aus naheliegenden Gründen nicht verraten, nur soviel: von meiner subjektiven Spannung her hätten es durchaus mehr sein können, obwohl objektiv wahrscheinlich auch einer weniger gereicht hätte, weniger allerdings nicht.

Nachgetragen werden muß eine Modifikation, die sich während des Vortrages von unschätzbarem Wert erweisen sollte, nämlich daß ich mich schnell und nicht wie ursprünglich beabsichtigt langsam ausziehe, damit die Aufmerksamkeit nicht auf der Handlung, sondern sehr schnell auf dem entwaffnenden Anblick liegt, und ein weiterer sehr wertvoller Hinweis, wie im Bedarfsfall mit dem Referenten umzugehen ist, falls dieser offen Position gegen mich beziehen würde. Ich möchte ihn ungern an dieser Stelle preisgeben, wer weiß, ob er nochmal gebraucht wird, und hier gilt eine Art abgewandelter Smith: Feind liest mit. Ich denke, wer sich ernsthaft mit dem Gedanken trägt, vorgegaukelte Freiräume für sich auszunutzen und dabei unter Wahrung der Gepflogenheiten bei eindeutiger Schuldzuweisung gegnerische Strategien zu durchkreuzen, kann darauf kommen.

Zwischen meinem Entschluß und der Umsetzung desselben lag etwa eine Woche, gekennzeichnet von spannungsreicher Erwartung und nicht zu unterschätzender arbeitsmäßiger Belastung, die mir aber vergleichsweise flott von der Hand ging; denn so gut es war, daß die Umsetzung schnell erfolgte, ein längeres Intervall wäre wegen der zu haltenden inneren Spannung von Nachteil gewesen, so entscheidend war die anvisierte **Triumphvorstellung**, die neben aller durchaus reichlich vorhandenen Aufregung immer wieder so etwas wie Vorfreude aufkommen ließ und entscheidend dafür war, daß ich die Zeit durchgehalten habe.

Meine Mittäter werden bezeugen, daß ich mich unmittelbar vor dem Vortrag vor allem abgelenkt habe, ich denke, die Anspannung wäre mir sonst zu hoch geworden.

Nachdem wir das Museum betreten hatten, mußte ich feststellen, daß der Vortrag nicht wie normalerweise üblich in einem abgeschlossenen Raum stattfand, sondern in einem von der Museumsebene abgesenkten Teil, der über eine Art Galerie zu einem weniger frequentierten Museumstrakt hin offen war. Das gab mir einerseits die Möglichkeit, den Raum vor Beginn von oben einzublicken und auf die Besucherzahl zu überprüfen, auf deren Mindestmaß wir uns kurz vorher verständigt hatten. Es waren 12 nach den 12 Aposteln, darunter hätte jede Aktion nur lächerlich gewirkt. Ich hätte mir insgesamt ein jüngeres Publikum gewünscht, das den Vorteil der nicht verbauten persönlichen Perspektive gehabt hätte und damit weniger feindselig und vielleicht sogar zu ermutigen gewesen wäre. Doch die zahlreich erscheinenden – es waren etwa 60–70 – in ihrer Mehrheit graumelierten Herrschaften, die wohl anteilsweise den Hamburger Honoratioren zuzurechnen sind und deren vormittäglicher Pflichtbesuch wahrscheinlich auf den regelmäßigen intellektuell angehauchten Zusammenkünften Kunstbeflissener mit Spenderlistenhintergrund beruht, wobei der ein oder andere wahrscheinlich in organisatorischem Zusammenhang zu den finsteren Zielen der Ausstellung steht, die aber allen anderen geradeso recht sein dürften, strahlten zu dieser Gelegenheit etwas mehr aus als die berühmte Hamburger Frostigkeit.

Andererseits bedeutete die offene Anordnung des Raumes für die Veranstalter die Anwesenheit einer wechselnden nicht kalkulierbaren Öffentlichkeit, was sich im weiteren Verlauf als unverzichtbar erweisen sollte.

Ich ließ mir einen strategisch günstigen Platz in der ersten Reihe reservieren, der den Vorteil hatte, daß ich einerseits gut sichtbar und gleichzeitig durch meine Begleitung und den Gang eine durch räumliche Distanz geprägte Schutzzone hatte, die mir sehr angenehm war. Als die Referentin, die man sich etwa wie eine diplomierte, etwas angebiedertere, aber um nichts weniger bösartige Alice Schwarzer mit der sexuellen Ausstrahlung einer vertrockneten Mohrrübe vorzustellen hat, zu erkennen gab, daß der Vortrag beginnen würde, ging ich hinunter, setzte mich auf meinen Platz, öffnete, ohne daß es jemand bemerken konnte, die mir sehr entgegenkommenden Reißverschlüsse an Schuhen und Jeans und zog sofort, nachdem sie den Vortrag begonnen hatte, schnell, aber ohne Hast meine Jeans aus und dann blitzschnell mein T-Shirt. Ich werde ihr kurzes Innehalten und ihren entsetzten Blick, als sie der Situation gewahr wurde und mich für etwa 2 Sekunden nur mit dem T-Shirt bekleidet sitzen sah, nicht vergessen, und ich denke, die Reihenfolge war richtig und ausschlaggebend. Ich bin mir gar nicht sicher, ob sie bei anderer Reihenfolge nicht versuchsweise interveniert hätte etwa im Sinne eines halbtolerant pseudojovial klingenden »wir wollen es bei oben ohne belassen, dies ist doch nicht ganz der Ort, bla, bla, bla« usw. Nur, nachdem ich nackt war und es im weiteren für **volle 70 Minuten** bleiben konnte, mußte sie nach dem anfänglichen Überraschungseffekt blitzschnell kalkulieren, ob sie einen Eklat riskieren kann. Ich denke, sie hat auch in ihrem Sinne richtig entschieden, hätte aber, wäre das anwesende Publikum ihr vertrauter gewesen, als es ohnehin in seiner erdrückenden Mehrheit war, keinen Moment gezögert, gegen mich vorzugehen. Genau zu diesem Zeitpunkt dürfte das wechselnde Publikum auf der Galerie seine Antiterror-Wirkung entfaltet haben, zumal, wie ich allerdings erst im nachhinein erfahren habe – ich durfte mich ja während der Aktion aus psychologischen Erwägungen nicht umdrehen –, der sich bietende Anblick dem ein oder anderen der Galeriebesucher wirklich zu gefallen schien.

Man muß der Referentin zugestehen, daß sie sich nach anfänglichen Schwierigkeiten, die Satzreihenfolge einzuhalten, verhältnismäßig schnell gefangen hat, wobei ihr allerdings sehr entgegenkam, daß es ein Diavortrag war und mit Einsetzen des ersten Lichtbildes und weiterer Abdunklung des Raumes sich für alle die Gelegenheit bot, ihre Aufmerksamkeit so dermaßen konzentriert und unter scheinbar vollständiger Ausblendung ihrer unmittelbaren Umgebung ausschließlich auf die Lichtbilder zu richten, daß es fast schon wieder grotesk wirkte. Nacktheit – nur virtuell?

Diese unartikulierten Reaktionen der Referentin müssen sich dem Publikum mitgeteilt haben, so daß keiner davon ausgehen konnte, daß meine nackte Anwesenheit im Sinne einer Inszenierung als Bestandteil des Ausstellungsrahmens gelten konnte, mit Ausnahme vielleicht von einigen sehr alten Herrschaften, die als einzige nach Beendigung des Vortrages freundlich geschaut haben und während dessen im Grunde das einzig richtige getan haben, was man in Anbetracht des gebotenen Inhaltes tun konnte, sie haben geschlafen. Wie sehr die Aufmerksamkeitslenkung im Sinne von »Denken Sie 5 Minuten nicht an einen Bären« mit den Lichtbildern korreliert war, wurde am steigenden Spannungsaufbau spürbar, der genau dann wieder einsetzte, als ein junger Mann aus dem Publikum anfing, das sich bietende ausgesprochen außergewöhnliche Bild zu photographieren. Mir ging es übrigens nicht anders. Dankenswerterweise konnte ich die Photos bekommen, es war gar nicht so einfach.

Den genauen Titel des Vortrages kann ich übrigens nicht wiedergeben, ich glaube, er hieß ›Schöne Männer – starke Frauen‹, hätte aber genausogut ›Nacktheit in der Photographie‹ oder so ähnlich heißen können. Es ist auch ganz gleichgültig, klar war nur, daß es ausschließlich um Photos unter Ausschluß der Werbung ging, wobei die getroffene Auswahl diejenige der Ausstellung treffend widerspiegelte. Die schönsten Photos, die gezeigt wurden, waren diejenigen von Man Ray und Helmut Newton, alle anderen waren mehr oder eher weniger interessant, weswegen die Referentin im Fall von Ray und Newton auch den größten Aufwand betrieb, um den unbestreitbar faszinierenden visuellen Eindruck, der von diesen Photos ausgeht, zu zerstören. Im Fall von Man Ray durch ein unsägliches Psychogequassel, daß nämlich beispielsweise eine Detailaufnahme eines Frauenkopfes mit nach oben gestrecktem Kinn doch unbestreitbar wie ein Phallus aussähe u.ä.m. Es sah nun wirklich nicht danach aus, und man muß ja nicht immer nur an das Eine denken. Dabei versäumte sie es nicht, darauf hinzuweisen, daß dem Begründer der Psychoanalyse der Zuspruch der Surrealisten so gar nicht recht gewesen sei, bei fortgesetzt wildesten Spekulationen, die nach Assoziation aussehen sollten, die mit der Nacktheit verbundene Kastrationsvorstellung anzusprechen und damit jedem, der sich ernsthaft fragt, woher die inneren Ängste und Hemmungen kommen, den Zugang zur Auflösung dieser Frage im Sinne einer präventiven Impfung von vornherein zu verbauen (für Interessierte deshalb ein Hinweis: System ubw 2/1984). Im Fall der Newton-Bilder bestand ihr Aufwand darin, daß sie zum Abschluß ein Bild des Photographen zeigte, das ihn selbst vor einem an Armen und Beinen verstümmelten Frauentorso zeigt, nur um über den Kontingenzweg die Gewalt in Verbindung mit der Nacktheit zu aktivieren, also das genaue Gegenteil dessen herzustellen, was von den Bildern ausgeht: die Konkretisierung des phantasierten Erlebens ohne Angst (ubw, aber nur ubw, tatsächlich Kastrationsangst, aber das ist im Ernst ein neues Thema). Natürlich versäumte sie es auch nicht, auf die Schwarzer-Verbotskampagne der Newton-Bilder zu sprechen zu kommen, die sie »grundsätzlich begrüßte«, da sie »die Diskussion angefacht« hätte. Nur: Schwarzer hatte nicht diskutiert, sie hatte handfest mit dem Strafgesetzbuch gewedelt, ich denke, dies soll wohl genügen, um die geistig-moralische Statur der Vortragenden zu charakterisieren. Alles in allem war, wie man so schön sagt: hard stuff.

Man hätte einiges dazu sagen können, nur, selbst wenn dazu Gelegenheit gewesen wäre, ich hätte es nicht gedurft. Denn brisanter als alle Lichtbilder war immer noch meine Gegenwart. Ich hätte es aber davon abgesehen auch gar nicht gekonnt, denn obwohl sie zweimal die anschließende Diskussion angekündigt hatte, fand sie, nachdem der Vortrag sehr in die Länge gezogen worden war, nicht statt! Ich hätte gern etwas gesagt, wenn ich angesprochen worden wäre, und ich denke, das hat sie gespürt. Am Ende haben fast alle der Anwesenden, wie nicht anders zu erwarten, brav geklatscht und sind dann von ihren Sitzen aufgesprungen, als ob sie von der Tarantel gestochen worden wären. Der Saal hat sich wirklich fast fluchtartig geleert, und ich stand, bis der letzte ging, nackt im Saal, dann mußte auch ich mich leider wieder anziehen.

Angesprochen wurde ich nicht, abgesehen von einer sehr allgemeinen und indirekten Bemerkung der Referentin und bösen Blicken vorzugsweise der anwesenden Ehegattinnen – steht doch die Leibrente auf dem Spiel.

Nun wird sich natürlich der ein oder andere Leser fragen, wie es mir während dieser ereignisreichen 70 Minuten erging und was ich empfand. Die innere Anspannung war während der gesamten Zeit hoch, obwohl ich nach ca. 15 Minuten sicher war, daß keine Polizei gerufen würde. Allerdings war ich sehr beschäftigt damit, die sowohl situativen wie auch artikulierten Eindrücke zu erfassen, um ggf. darauf reagieren zu können. Sehr viel Zeit zur Selbstbesinnung blieb da nicht. Ein wenig aber schon, und so war ich einmal versucht, in

Bild II

Bild III

Bild IV

Bild V

Anbetracht des zwanghaft hereingetragenen Ausmaßes an Gewalt inhaltlich Stellung zu beziehen. Ich durfte es nicht, es hätte die Sprengkraft, die von meiner Nacktheit ausging, abgeschwächt, und nicht zuletzt auch darum nicht, weil es über den Weg der Formverletzung sofort und liebend gerne von Veranstalterseite und der Mehrheit des Publikums zum Vorwand genommen worden wäre, um gegen mich vorzugehen. Und zwar dann angeblich nicht, weil ich nackt war, sondern mich nicht einmal an die akademische Gepflogenheit hielte. Ich muß sagen, daß ich nach etwa 15 Minuten Gefallen daran fand, mich gelegentlich anders hinzusetzen, die Beine übereinanderzuschlagen und damit, soweit es möglich war, die Strategie demonstrativer Blindheit auszuhebeln und mir dabei vorzustellen, wie das Bild, das ich abgab, wohl wirken würde. Feindselige Blicke habe ich dabei nicht registriert. Im letzten Drittel hatte ich den Impuls aufzustehen, einfach vor und hinter der Leinwand hin- und herzulaufen und nach Art der Surrealisten einen Eklat zu provozieren. Ich denke, der Impuls ist anhand der Situation nachvollziehbar, es hätte sicher auch den entsprechenden Eklat gegeben und damit wäre die Angelegenheit auf den Punkt gebracht worden, aber es wäre in Anbetracht der Gewaltverhältnisse auf eine Selbstmordstrategie hinausgelaufen. Zum Schluß fand ich es schade, daß der Vortrag vorbei war, wollte unbedingt diskutieren und spürte triumphierend, daß ich »die kompakte Majorität« in die Flucht geschlagen hatte. Und noch schwerer fiel es mir, mich anzuziehen, weshalb ich es sehr hinausgezögert habe. Ich denke, es ist mir gelungen, die Strategie, die Veranstalter bei ihrem verlogenen Wort zu nehmen, auszureizen bis zur letzten Minute. Allein hätte ich es nicht gekonnt, und dieser Bericht zeigt, wieviel an gedanklicher und empfindungsmäßiger Bearbeitung erforderlich ist, wenn am Ende der Erfolg stehen soll. Er zeigt auch, daß es geht: nichts verschenken. Ich möchte mich ausdrücklich bei allen Beteiligten bedanken, die mir dazu verholfen haben. Besonders bei den unmittelbar Beteiligten, die meine Aufregung teilen mußten und denen ich mehr Möglichkeit zur aktiven Beteiligung gewünscht hätte. Die Situation hat es leider nicht zugelassen.

**Zu Bild II**

Ich bin sehr gerne nackt! Es gefällt mir immer, wenn ich mich nach täglicher Pflichterfüllung in meiner schönen Wohnung nackt bewege, und ich freue mich über jeden warmen Sommertag, den ich am Meer oder an einem See ohne lästige Kleidung verbringen kann. Ich habe nackt ein intensiveres Empfinden für meine Person und bin deutlich widerstandsfähiger und stolzer und laufe auch aufrechter. Der oft bedrückende Alltag setzt mir weniger zu, wenn ich dazwischen Gelegenheit habe, in angenehmer Umgebung nackt zu sein. Ich finde es sehr traurig, daß die Möglichkeit für dieses Empfinden so selten und auf so wenige Plätze beschränkt ist. Der Wunsch, nackt zu sein, ist in der Öffentlichkeit leider in der Regel unmittelbar und zunehmend mit dem Gedanken an anstehende Gefahren verknüpft: Kann mir etwas passieren? Macht mich jemand dumm an? Kommt die Polizei?... Mitunter versuche ich ein paar Experimente und gehe mit nacktem Oberkörper spazieren, fahre so Auto, und manchmal habe ich auch schon die Abendstunden, die ich oft allein in meinem Labor arbeite, ohne Oberbekleidung verbracht. Je länger ich nackt bin, umso selbstverständlicher und normaler kommt mir dies vor, und es stellen sich viel leichter Phantasien und Gedanken über Zustände ein, in denen das Nacktheitstabu nicht existiert und jeder sich so bewegen kann, wie er möchte; die Phantasie ist dann insgesamt beweglicher, und ich bin meinen Wünschen viel näher. Ich bedaure wirklich sehr, daß die Möglichkeiten, in der Öffentlichkeit nackt zu sein, so rar sind und immer rarer werden. Am scheußlichsten ist die Verlogenheit, mit der aus den Kanälen mit Locker-vom-Hocker-Stimme vermittelt wird, daß alles easy und ach so frei sei, wo das Gegenteil richtig ist und täglich drückender wird. Die zunehmende Unfreiheit und existentielle Not zeichnet die Gesichter und das Verhalten. Es scheinen Jahrhunderte zwischen den Bildern aus einer besseren Zeit, den 60er und 70er Jahren, auf denen u.a. im Münchner Garten Leute mit unverknottert entspannten, frohen Gesichtern nackt zu sehen sind, und heute zu liegen, dabei sind es nur 30 Jahre! Bezeichnenderweise fehlen gerade diese Bilder in der Hamburger Ausstellung, die ansonsten ein Sammelsurium aus allen Zeiten aneinanderreiht, komplett. Als mein Mitverschworener und ich am Samstag nachmittag den zentralen Hauptraum der Ausstellung betraten, war dieser von Besuchern sehr gut frequentiert, und während wir uns im Raum orientierten, begann auch gleich eine Führung. Der Referent erläuterte zuerst in gestelzten und langatmigen Ausführungen die (schlechte) Nachbildung einer antiken Statue von Praxiteles, eine die Venus darstellende nackte Frau: Was der Künstler sich wohl dabei gedacht habe, einer so idealen Schönheit – man beachte die geschwungenen Körperlinien und die sanfte Rundung des Pos – einen verkrüppelten kleinen Zeh zu verleihen, war z.B. eine der brennenden Fragen, die ausgebreitet wurden. Die vielleicht bei dem einen oder anderen Besucher beim Thema der Ausstellung mitschwingende leichte Spannung wurde durch dieses pseudointellektuelle Gequassel auf jeden Fall gleich am Anfang neutralisiert, etwa so, wie es einem früher beim sogenannten Aufklärungsunterricht ging, in den man ja auch zumindest ein bißchen aufgeregt hineinging und eher gelangweilt wieder hinaus. Die Energie verpufft, weil die tatsächlich interessierenden Punkte zielsicher umschifft und zerredet werden, ohne daß man den Vorgang so richtig bemerkt. Wir begaben uns nur wenige Meter neben den Referenten extra in Sichtlinie zur Gruppe. In einem Schwung zog ich mein für diesen Zweck ausgewähltes Kleid, unter dem ich nackt war, aus und betrachtete das Exponat, vor dem wir gerade standen, zu Ende. Spürte ich kurz zuvor mein Herz noch recht heftig bis zum Hals schlagen, so wich die Aufregung in dem Moment, als ich nackt war, völlig. Ich war augenblicklich ganz ruhig und hatte gleichzeitig die Rednerstimme glasklar und ohne Nebengeräusche im Ohr. Mit wenigen Sekunden Verzögerung kam sein Redefluß ins Stocken: »Äh ... ja ... äh also ... ... Das sollten wir ... äh ... also, ich finde ... äh ... wir sollten das jetzt wohl besser ignorieren ... « Nach einer kurzen Pause und weiteren haspelnden Wortgruppen schien er sich gefangen zu haben und fügte, von seiner Eloquenz schon etwas zurückgewinnend, hinzu, daß das hier nicht die erste Inszenierung bestimmter Gruppen (?) sei – bemerkenswert, da doch zu diesem Zeitpunkt nur ich allein nackt war – und Anmeldungen verschiedener Gruppen, insbesondere vom örtlichen FKK-Bund, eingegangen wären, die aber alle abgewiesen worden seien. Schon wieder recht kategorisch an seine Zuhörer gerichtet sagte er noch einmal: »Also, auf jeden Fall sollten wir das jetzt igno ... « An dieser Stelle kam er erneut ins Stocken: »Ja, also ... äh, ja ... also die Nacktheit ... äh ... und, äh ... « Nun war er völlig aus dem Konzept, und als ich mich umwandte, um die nächste Exponatreihe entlangzugehen, sah ich, was ich schon bei seinem Haspeln wußte. Wenige Meter vor mir schritt nämlich noch eine andere nackte Frau die Ausstellungsreihe entlang. » ... also, äh, in der Antike ... äh ... also ... die Frau da mit den langen Haaren zum Beispiel ... ja ... äh ... Haare waren, wie gesagt auch schon in der Antike ein Zeichen für Erotik ... äh ... « Hatte der Referent sich beim Anblick nur einer nackten Person nach etlichen Sekunden wieder gefaßt, so war es beim Auftauchen einer zweiten damit offensichtlich vorbei. Der weitere Vortrag blieb holperig. Er strengte sich an, die Aufmerksamkeit von uns abzulenken, wohl mit mäßigem Erfolg. Ich erfaßte empfindungsgemäß seine momentane Hilflosigkeit und auch, daß die beiden Raumwächter, die von Anfang an anwesend waren, im Moment handlungsunfähig blieben. Von da an hörte ich dem Redner nicht mehr so aufmerksam zu, nur ab und zu drangen einige Sätze an mein Ohr. Ich ging weiter im Hauptraum der Ausstellung entlang und verweilte nur bei den wenigen Exponaten, die mir gefielen, etwas länger. Ich blieb die ganze Zeit völlig ruhig. Mir fiel selber auf, daß ich ganz aufrecht ging. Ich fühlte mich richtig erhaben. Meine Umgebung nahm ich wie durch eine Glaswand war, eher wie im Traum. Ich hatte den Eindruck, die meisten taten, als ob nichts sei; auch das kam mir wie in entsprechenden Träumen vor. Ab und zu sah ich offen erfreute Gesichter, eine aggressive Reaktion ist zumindest durch meine Glaswand nicht gedrungen. Ein sehr schönes Photo, das eine entspannte nackte Frau am Strand mit vorgereckter Brust und nach hinten geneigtem Kopf zeigte, erinnerte mich an eine verehrte, sehr schöne Freundin. Es machte mir Spaß, eine ähnliche Haltung mit hinter dem Kopf verschränkten Armen vor dem Bild auszuprobieren. Immer, wenn ich meiner Mitverschworenen begegnete, was in dem insgesamt doch verhältnismäßig kleinen Raum manchmal vorkam, fühlte ich mich an Bilder von Delvaux erinnert. Dort finden sich auch ganz oft mehrere nackte Frauen (und einige wenige junge Männer) dargestellt, die für sich allein irgendwelchen Dingen nachgehen oder ganz in sich versunken sind und doch auf geheimnisvolle Weise miteinander in Verbindung zu stehen scheinen. Irgendwann verschwand sie, und eine weitere Mitverschworene tauchte nackt auf und ging nun ihrerseits durch die Ausstellungsräume. Ich lächelte ihr nur ganz leicht zu und empfand dieselbe Verbundenheit wie zuvor. Zwischendurch, als ich recht nah an der Führungsgruppe vorbeikam, hörte ich den Referenten vor einem Gemälde, das eine nackte Frau umringt von einer Schar Bekleideter zeigte, gerade sagen: »Ja, hier sehen wir also … Also hier auf dem Bild passiert …, ja, was gerade auch hier passiert ist.« Ein anderes Mal, als ich wiederum unweit des Referenten stand, hörte ich ihn auf die Frage aus dem Publikum, ob die nackten Personen in der Ausstellung dazu gehören, antworten: »Nein, nein … das ist ein a-a-a-a-anarchistischer Akt.« Ich ging weiter und machte meinen Bekannten noch auf eine nette kleine Figurengruppe aufmerksam, die ein sich leicht umarmendes nacktes Paar zeigte, und wir fanden beide die Phantasie sehr schön, in gleicher Weise durch die Ausstellung laufen zu können, realisierten sie aber aus guten Gründen nicht. Auch die zuletzt aufgetauchte Frau verschwand nach einer Weile, die ich nicht genauer angeben konnte, wieder. Überhaupt fehlte mir während meines gesamten Aufenthaltes in der Ausstellung von dem Zeitpunkt an, von dem an ich nackt war, jedes Zeitgefühl, was mich selber verblüffte. Ich hätte noch ewig weiter so herumlaufen wollen. Mein Begleiter machte mich leise darauf aufmerksam, daß es Zeit wurde zu gehen. Ich fand es ausgesprochen schade und traurig, daß alles schon vorbei sein sollte. Wir gingen nun auf die Führungsgruppe zu, ich stellte mich direkt vor diese mit dem Rücken zugewandt auf, und mein Bekannter schrieb mir mit Lippenstift groß auf den Rücken, so daß es alle gut sehen konnten: »Welche HEUCHELEI liegt hier vor!« Ich blieb eine kurze Zeit so stehen, man hörte Getuschel in der Gruppe, und jemand las die Worte leise vor. Anschließend verließen wir gemessen und langsam den Raum, und ich zog dann beim Hinausgehen mein Kleid wieder über.

Als wir durch den Haupteingang das Gebäude verließen, hörten wir einen dort stehenden Wächter durch ein Funkgerät melden, daß wir am Gehen seien. Die Drähte waren inzwischen, ohne daß wir es gemerkt hatten, an- oder heißgelaufen, und ich war nun doch sehr froh darüber, daß wir offensichtlich genau im richtigen Moment, als die Wirkung des Überrumpelungseffektes nachzulassen begann, verschwunden sind.

Ich war danach ganz überschwenglich und vor allem zutiefst dankbar (!), daß ich dieses Erlebnis in meinem Leben haben konnte. Ich habe die Worte eines bestimmten Menschen, dem dieser Dank im besonderen zukommt, nämlich daß die Menge an Überlegungen und Gedanken, die den Bruch des Nacktheitstabus vorbereiten und vor allem gefahrlos, aber wirkungsvoll ermöglichen, mindestens so groß ist, wie die zur Sicherung der bürgerlichen Existenz, in diesen Tagen erst so richtig verstanden. Mich überkommt immer, wenn ich an das Ereignis denke, ein intensives Triumphgefühl, zum einen, weil mir das Erleben und Empfinden so ausgesprochen gut gefallen hat, zum anderen, weil es gelungen ist, den Heuchlern und Apologeten, die dazu angetreten sind, die letzten Freiräume für immer zuzuschütten, einen Strich, wenn auch leider, leider nur einen sehr dünnen, durch die Rechnung zu machen.

**Zu Bild III und IV**

Von der Ausstellung ›Nackt – Ästhetik der Blöße‹, die derzeit in Hamburg zu sehen ist, erfuhr ich von einer Bekannten, die darüber in der Presse las und sich den Ausstellungskatalog besorgte. Die Exponate (Photos, Skulpturen, Primitivenschnitzereien ...), die darin zu finden sind, sind gemischt bis abstoßend. Völlig fehlen die Bilder aus einer besseren Zeit, den 68ern. Dabei sind es doch gerade diese, welche einem so gut gefallen, weil sie immer den gesellschaftlichen und damit den öffentlichen Charakter symbolisieren und eben aus diesem Grund ansteckend wirken und zur Nachahmung geradezu auffordern.

Ich selbst bin in einer Generation geboren, die die 68er nicht miterlebte, und kenne diese Zeit nur durch Photos und Musik. Bei mir verankerte sich damit aber schon ganz früh die Vorstellung, daß es einmal etwas anderes, freieres gegeben hat. In meiner Phantasie keimte ein kleiner Hoffnungsschimmer: es war also nicht immer so, wie es jetzt ist, und es muß nicht zwangsläufig (wie ein Naturgesetz) so bleiben.

Aufgewachsen unter der Seuche, dem Feminismus und den Grünen stellte dieser Hoffnungsschimmer einen Strohhalm zum Überleben dar. Und eines war beim Durchblättern des Ausstellungskataloges klar: Genau das versuchen die Organisatoren und die dahintersteckenden Organe, groß angelegt mit Hilfe der Presse, kaputtzutrampeln bzw. erst gar nicht mehr aufkommen zu lassen. Damit wird aber der Kern der Ausstellung deutlich: HEUCHELEI! Nacktsein kann doch jeder, wann und wo und mit wem er will, ist doch alles gaaar kein Problem, vor allem: wo liegt hier das Tabu?? Man stelle sich diese zynischen Worte einfach aus dem Halse eines pseudoliberalen Lehrers vor (also einem, der immer auf gut Freund macht, um bei der erstbesten Gelegenheit seinen Schülern auf den Kopf zu schlagen) – das kann nicht so schwer sein, denn so einen hatte jeder; daraus quillt doch geradezu die bösartige Freude darüber, daß die bessere Zeit, Gott sei Dank, vorbei ist, und AIDS tat sein bestes dazu.

Diese Heuchelei aufzuzeigen, war mein Ziel und der Beweggrund, warum ich mit einigen Bekannten nach Hamburg fuhr.

Die Ausstellung war gut besucht, was eine unbedingt notwendige Voraussetzung für unser Vorhaben war: Öffentlichkeit bedeutet eben Schutz!

Im Hauptraum, dem ersten, den man betritt, fand gerade eine Führung statt. Nichts Besseres als das! Es konnte also losgehen. Die erste meiner Bekannten zog sich inmitten des Publikums aus, ihren Bericht kann man in dieser Nummer der KETZERBRIEFE lesen. Sie sah sehr schön aus und strahlte ein großes Selbstbewußtsein aus.

Interessant an dieser Stelle ist die Reaktion der Anwesenden. Der Führer der Besichtigungsgruppe, der sich gerade über eine antike Skulptur ausließ, geriet bei seinen Ausführungen ins Stocken und verhaspelte sich. Diese Irritation hielt jedoch nur Bruchteile einer Sekunde an, und er fing sofort an zu hetzen: Ja..., also, es hätte im Rahmen dieser Ausstellung schon Inszenierungen gegeben – das sofort pogrombereitende Stichwort »Gruppen« fiel – ja..., nudistische Gruppen wollten sich hier darstellen, aber das hätten sie **natürlich** nicht erlaubt... – Die Situation wurde kippelig, doch wir waren schlauer. Es war wichtig, gleich nachzusetzen. *Eine* nackte Person allein reichte nicht aus – einmal ist keinmal –, um die Gegenstimmen mundtot zu machen. Nach wenigen Sekunden, etwa beim Stichwort »Gruppen«, zog ich mit einem Handgriff mein Kleid aus. Die zuvor herrschende Aufgeregtheit in meinem Innern verschwand sofort. So hatte ich mir das nicht vorgestellt, wußte ich doch, in welch feindlicher Umgebung ich mich befand. Alle Angst und Unruhe verflog. Keiner konnte mir etwas antun. Ich fühlte mich unverletzlich und dadurch ruhig, stolz und aufrecht. Die Scham und Angst vor dem nackten Körper, besonders dem eigenen, die das Kleidergebot schon in frühkindlicher Zeit festigte, zerbrach. Die Fesseln zersprangen, und die zusammengeschnürte Energie wurde frei. Ein erhebendes und beschwingtes Gefühl trat an ihre Stelle. Diese Freisetzung bewirkte die Empfindung und die Ausstrahlung der Unverletzlichkeit.

Die hetzerischen Worte des Ausstellungsführers wurden schachmatt gesetzt, sein typisch kunsthistorisches Blabla versiegte ebenfalls, zumindest zunächst. Er setzte seine Rede damit fort, daß lange Haare schon immer ein Zeichen für Erotik gewesen seien und ob man nicht »die Frau mit den langen Haaren« hinzuholen solle. Was natürlich nicht geschah.

Die Reaktion der Besucher war Überraschtheit. Sie waren verblüfft und unsicher, aber nicht bösartig. Offensichtlich waren sie vom Eindruck der Einheit von Körper und Geist, den wir ausstrahlten, überrumpelt. Eine Frau der Besuchergruppe fragte den Ausstellungsführer, ob dies dazugehöre und ob sie sich jetzt alle ausziehen sollen. In früheren, also in den besseren Zeiten hätte man sich eine spontane Ansteckung seitens der Ausstellungsbesucher durchaus, wenn auch nicht unbedingt, vorstellen können. So blieb es spannend; die Besucher wußten nicht recht, wie sie reagieren sollten. Aber wie gesagt, Bösartigkeiten kamen von diesen Menschen nicht, der Überraschungsschlag überrumpelte das Überich.

Wir beiden Nackten schauten uns getrennt voneinander die Ausstellungsstücke im Raum an, so, als gäbe es nichts Selbstverständlicheres. Als meine Bekannte an mir vorbeiging, glich sie den Personen auf den Bildern aus einer besseren Zeit, die hier leider – oder bezeichnenderweise – nicht zu sehen waren.

Nach wenigen Minuten verließ ich den Raum, obwohl ich noch länger hätte bleiben wollen, zog mein Kleid über und verließ die Ausstellung. Dabei bemerkte ich, daß die Handys der Wärter schon auf Hochtouren liefen und sie sich zusammenrotteten. Sie ließen mich mit schräg zugeworfenen Blicken und in ihre Handys aufgeregt sprechend passieren.

Hoffentlich ging alles gut, dachte ich, denn als ich am Gehen war, zog sich eine dritte Bekannte aus, so daß wiederum zwei nackte Personen in der Ausstellung waren. Auch ihr Bericht läßt sich diesem KETZERBRIEF entnehmen.

Ich möchte hier noch die weitere Reaktion des Ausstellungsführers anfügen, damit der Bericht eine Einheit bildet. Als sich meine dritte Bekannte auszog, mühte er sich gerade damit ab, ein Bild, auf dem mehrere nackte Personen zu sehen waren, zu zerreden. Allerdings reichte es dann nur noch zu einem Gestotter: »Das ..., was Sie hier sehen ... ist das ... was gerade hier abläuft«, und: » ... das ist wohl ein anarchistischer Akt.« Klingt mittlerweile schon ziemlich schwächlich im Vergleich zu seinem zu Beginn erzählten Auftreten!

Eine Besucherreaktion, die mir im nachhinein mitgeteilt wurde, finde ich ebenfalls der Erwähnung wert: Ein junger Mann, der mit einem weiteren Mann und zwei jungen Frauen gerade die Ausstellung besichtigte, äußerte sein Gefallen über die schöne, selbstbewußte Nacktheit, die wir demonstrierten. Diese Nacktheit hatte nichts Rolliges (i.S. von Sexualrollen) an sich, und das bemerkte dieser junge Mann bestimmt. Aber vor allem seine Freundin bemerkte es, denn sie bäffzte sofort wie eine von der Tarantel Gestochene los, keifte ihn an, sie wolle jetzt aber auch einen nackten Mann sehen, und zudem sei das ein Skandal. Leider, aber deswegen finde ich diese Reaktion erwähnenswert, knickte er durch diese Pussy-Power schlagartig ein und stimmte in das Keifen ein: was für ein Skandal, ja wirklich, ein Skandal!, hörte man nun aus seinem Munde. Noch merkte man ihm die Anstrengung an, mit der er seine ursprüngliche und daher authentische Empfindung niederhalten mußte.

Das schöne Photo auf dem Titelblatt dieser Nummer zeigt das Ende unserer Aktion. Ein Freund schrieb einer meiner beiden Bekannten mit rotem, leuchtendem Lippenstift die Worte:

WELCHE HEUCHELEI LIEGT HIER VOR!

auf den Rücken. Denn genau deswegen waren wir ja zu der Ausstellung gefahren: das Bloßlegen der Heuchelei.

Kurze Zeit später verließ auch sie die Ausstellung. Ich wartete unterdessen auf alle Beteiligten und war unruhig, denn ich wußte, daß der Gegenschlag schon organisiert wurde. Es ging alles gut, aber nur deswegen, weil wir klug genug waren, unser Vorhaben kurz zu halten.

Es ist traurig, daß wir unsere Berichte anonym halten müssen in dem Staat der Berufsverbote. Ich hoffe aber dennoch, mit dem, was wir gemacht haben, den hämisch grinsenden Inszenierern der Ausstellung einen Strich durch die Rechnung gezogen zu haben – das Grinsen jedenfalls ist ihnen vergangen. Ein Stückchen unkaputte und angstfreie Nacktheit in die Öffentlichkeit getragen zu haben, in den Zeiten, in denen auch das letzte Krümelchen persönliche Freiheit weggenommen wird (ich denke da besonders an den immer enger zugeschnürten Gürtel um die letzten verbliebenen Nacktbaggerseen – man merke sich: die Feinde der Menschheit lassen nichts aus!), ist mir eine Genugtuung, wenn auch nur eine geringe: Ich kann mir noch so viel mehr vorstellen.

**Zu Bild V**

›Nackt – Die Ästhetik der Blöße‹, so lautete der aus provokativer und akademischer Sprache gemischte Titel der Hamburger Ausstellung, von der ich gehört hatte. Ich war überrascht, daß es zu diesem Thema ausgerechnet heutzutage eine Ausstellung geben soll, da ich schon seit längerem bemerkte, wie sehr die Nacktheit an öffentlichen Plätzen, wie z.B. an Baggerseen, ständig abnahm. Gerade vor einigen Wochen gab es den »Skandal« um die deutsche Sängerin Sarah Connor, die es wagte, in einem teilweise transparenten Kleid in einer Fernsehsendung aufzutreten. Ich war in bezug auf die Ausstellung also schon etwas mißtrauisch; dies wurde voll und ganz bestätigt, als ich den Ausstellungskatalog durchblätterte. Ich hatte erwartet, dort Bilder aus den 70er Jahren zu finden, doch statt dessen gab es griechische Torsi, Sado-Maso-Photos, Bilder aus den 20er Jahren und vor allem extrem häßliche Darstellungen. Alle diese Bilder standen bunt durcheinandergewürfelt einander gegenüber.

Ich selbst habe ab dem 14. Lebensjahr nackt gebadet (und ich war nicht alleine) und trug wie viele andere Mädchen transparente Blusen (selbstverständlich ohne BH). Derlei zeittypisch – für eine bessere Zeit typisch – dokumentierende Bilder waren jedoch nicht im Katalog zu finden. Auf mich wirkten die dort vertretenen vielmehr extrem künstlich, so, als ob die Nacktheit nie für die eigene Person gelten darf.

Wir diskutierten lange in meinem Bekanntenkreis über Sinn und Zweck dieser Ausstellung und kamen zum Ergebnis, daß hier wohl ein Triumph über die 20 Jahre lang propagandistisch-bürokratisch-feministisch bekämpfte Nacktheit vorliegt, es sich aber auf jeden Fall um eine unglaubliche Heuchelei handelt. So keimte in meinen Freunden und mir die Idee auf, was denn passieren würde, wenn wir die Ausstellung beim Wort nähmen und dort wirklich nackt durch die Räume gehen würden. Zumindest würden wir der Heuchelei »Nacktheit ist das Normalste der Welt«, oder: »Heutzutage sind wir ja so dermaßen tabulos«, etwas entgegensetzen.

Denn in Wirklichkeit gehen die Möglichkeiten, nackt zu sein, seit einigen Jahren immer mehr zurück. Wie schon gesagt, ich war mit 14 ja nicht die einzige, die nackt gebadet hat: im Gegenteil! An jedem der Baggerseen badeten unzählige Leute nackt. Heute gibt es kaum noch eine Stelle an zugänglichen Seen, an denen eben dieses möglich ist, dafür aber jede Menge Verbotsschilder, die das (Nackt)baden verbieten oder den Naturschutz vorschieben, damit überhaupt niemand mehr hinkommt.

Wie viele Frauen sieht man denn heute in transparenten Blusen und überhaupt ohne BH herumlaufen?

Heute muß man am Arbeitsplatz mit Zurechtweisungen und Anzüglichkeiten rechnen, wenn man dieses perverse Ding nicht anzieht.

Um also dieser extremen Heuchelei etwas entgegenzusetzen, beschlossen zwei Freundinnen und ich, die Ausstellung in Hamburg zu besuchen, und zwar nackt! (Daß trotz mancher Freiwilliger, die sich gerne angeschlossen hätten, kein angenehm anzuschauender junger Mann als Mittäter von uns zugelassen wurde, hatte traurige taktische Gründe: gerade aufgrund der Wirkungen der Sexualunterdrückung und des mit ihr untrennbar verwobenen Rollenverhaltens hielten wir die Aggressionsschwelle des zweifellos angestochenen Museumspersonals und eventueller überichgetriebener Aktivisten aus dem Publikum gegenüber Männern für niedriger.)

Obwohl wir uns alles sehr gründlich überlegt hatten, waren wir sehr aufgeregt, weil wir nicht wußten, wie unsere Aktion ausgehen würde. Daß wir dem Veranstalter ein Dorn im Auge sein würden, war keine Frage, aber was sollten sie andererseits gegen uns unternehmen, wo sie doch angeblich selbst die Nacktheit und deren ach so sichere soziale Position propagierten?

Vor allen Dingen aber: wie würden die Besucher reagieren?

Wir wünschten uns so viele Besucher wie möglich, denn sie waren unser Schutz, um zu verhindern, uns zeugenlos »meucheln« zu können.

Wir gingen also ziemlich angespannt zur Ausstellung. Alle drei hatten wir ein Kleid an, das man schnell über den Kopf ziehen konnte, darunter waren wir nackt. Erfreulicherweise herrschte an diesem Tag ein sehr großer Andrang, und gleich im ersten Ausstellungssaal fand eine Führung statt, was für uns natürlich ausgezeichnet war, denn so hatten wir noch mehr Publikum. Wir hatten geplant, daß meine zwei Freundinnen zuerst nackt sein würden und erst, wenn die erste von beiden den Saal verließe, würde ich mich ausziehen. Nachdem wir Sichtkontakt aufgenommen hatten (wir waren unabhängig voneinander im 5-Minuten-Abstand in die Ausstellung gekommen), durchwanderten wir den recht vollen Saal. Plötzlich – ich war an einer Seite des Saales angelangt – sah ich, wie ein Besucher unwillkürlich zusammenzuckte, zwei Schritte kopfschüttelnd zur Seite ging, sich die Augen wischte, den Kopf hob und in eine bestimmte Richtung blickte. Daran erkannte ich, daß meine Freundinnen bereits nackt sein mußten. Ich erblickte sie, jede an einer anderen Stelle des Saals langsam auf und ab gehen. Sie schauten sich nackt in aller Ruhe die Bilder an. Fast sah es so aus, als ob sie schweben würden, so wirkte es auf jeden Fall auf mich.

Sie strahlten eine unglaubliche Ruhe aus, und das Halbdunkel des Saals und die Ruhe und Feierlichkeit, die im Saal herrschte, gab dem Ganzen etwas Traumähnliches.

Mich erinnerte die Situation an eines der Bilder von Delvaux. Die Besucher unterhielten sich flüsternd, leise hörte ich: »Schau mal, die ist ja nackt!« Ca. sechs Besucher standen mit ihren Audio-Guides um eine Skulptur und flüsterten sich lächelnd untereinander etwas zu. Sie blickten sich immer noch lächelnd um, um zu sehen, wie die anderen Leute reagierten. Auf diesem Weg lächelten sie auch mir zu, und ich lächelte zur Bestätigung zurück. Ich fand keinerlei Feindseligkeit in den Reaktionen der Besucher. Aus einem Augenwinkel heraus sah ich eine meiner Freundinnen langsam aus dem Saal »schweben«. Das war mein Startsignal. Langsam und ohne Hast zog ich mein Kleid über den Kopf und gab es meiner Begleiterin. Nun war auch ich nackt und schritt langsam von einem Bild zum anderen. Mein Herz klopfte ziemlich heftig, denn ich war extrem aufgeregt (was man mir jedoch [laut Zeugenbericht] nicht anmerkte). Ich hörte einige Besucher flüstern, die meisten jedoch schienen gar keine Notiz von mir zu nehmen. Plötzlich regte sich ein ca. 28jähriger Mann künstlich auf: »So eine Schweinerei, ein Skandal ist das hier!«, schimpfte er halblaut vor sich hin. Es ging jedoch keiner auf ihn ein. Später habe ich erfahren, warum er das wahrscheinlich tat. Er war einer von zwei Männern, die mit ihren beiden feministisch angehauchten Tussis unterwegs waren. Zuerst hatte den beiden Männern unser Nacktsein offensichtlich gefallen, denn sie wurden beobachtet, wie sie lächelten. Erst als eine der Tussis greinte: »Jetzt will ich aber auch mal 'nen nackten Mann sehen!«, fühlte er sich offensichtlich genötigt, diese Aussage zu tätigen. So viel zur Einschüchterung durch die Pest des Feminismus.

Während meiner wenigen Minuten dauernden Nacktheit (länger war es leider nicht und durfte es auch nicht sein) spürte ich, daß alle Besucher einen Schutzabstand um mich einhielten; auch die Museumswärter, die plötzlich zuhauf auftraten, wagten es nicht, mich anzusprechen.

Als ich mich von der Mitte des Saales etwas entfernte, sah ich einen Wärter von links und einen von rechts auf mich zukommen; der linke Wärter ging im großen Bogen um mich herum, während der andere Anstalten machte, mich anzusprechen. Im letzten Augenblick wandte er sich von mir ab und brabbelte statt dessen zu meiner Begleiterin (die er dabei nicht ansah): »Das ist wohl der neueste Service der Ausstellung, oder wie!?« Er konnte es offensichtlich nicht einschätzen, ob es sich hier um eine Absprache mit den Ausstellern oder um eine spontane Aktion von Besuchern handelte. Genau diese Verwirrtheit der Wärter konnten wir nutzen, um unbehelligt zu bleiben. Ich schritt wieder mehr in die Mitte des Saals und sah, wie meiner Freundin mit einem leuchtend roten Stift: »Welche HEUCHELEI liegt hier vor!« auf den Rücken geschrieben wurde. Dabei stellte sie sich genau neben eine von Besuchern umringte Skulptur. Ich hörte gerade noch, wie eine Besucherin den so treffenden Spruch vorlas, als ich schon langsam durch eine Seitentür in den nächsten Saal schritt. Während ich ganz langsam mein Kleid anzog, konnte sich eine Wärterin nicht enthalten, mir mütterlich zuzurufen: »Wird ja auch auf die Dauer langsam kalt, nich'?« Es zeigt noch einmal die Hilflosigkeit der Wärter, weil sie auf diese Situation nicht vorbereitet waren und ihre Befehle noch nicht empfangen hatten. Allerdings hätten wir keine zwei Minuten länger nackt sein dürfen, denn ich hörte schon einen Wärter mit Handy ganz aufgeregt zu einem anderen sagen: »Bist Du schon informiert worden?« Meine Freundin ging unmittelbar nach mir aus dem Saal, und wir trafen uns vor dem Ausgang wieder. Kurz vor diesem Ausgang stand eine Art Oberwärter, der ziemlich aufgeregt mit einer Angestellten des Museums redete. Als sie mich sahen, verstummten sie und blickten mich an wie eine Erscheinung aus einer anderen Welt. Als ich wieder auf der Straße vor der Ausstellung war, freute ich mich, daß alles gut funktioniert hatte und uns nichts passiert war. – Schade, daß es nur ein Tropfen auf einen heißen Stein war, aber vielleicht wird der eine oder andere Besucher noch eine Weile darüber nachdenken.

Mir ging es hinterher jedenfalls deutlich besser als vorher und meinen beiden Freundinnen auch.

.—.

Vielleicht sollten wir zum Schluß etwas zu unserer jeweiligen Person sagen; denn wer uns auf den (unter so ungünstigen Bedingungen aufgenommenen!) dokumentierenden Photos der vorigen Seiten gesehen hat, kann aufgrund einer gewissen Vorurteilsautomatik leicht dazu gelangen, uns außerhalb unserer realen Zusammenhänge, als »Wesen vom anderen Stern«, »gesellschaftliche aliens« usw. zu phantasieren, d.h. im Klartext, uns irgendeine unsolide soziale Existenz (bestenfalls eine unverantwortliche Erbenexistenz o.ä.) anzudichten; jeder kennt solche erziehungs- und propagandabedingten Fehlwahrnehmungen und Fehlphantasien aus seiner Selbstbeobachtung.

Nun denn: zwei von uns sind niedergelassene Fachärztinnen verschiedener Fachrichtung im weiteren Umfeld Hamburgs, die nach wie vor trotz der Zerstörung des Gesundheitswesens (»Reform«) bis jetzt ganz gute Einkommen bewahren konnten; das bedeutet ein langes und mühsames Studium, eine lange hundeelend, danach sehr mäßig bezahlte, massiv belastende Klinikzeit voller Nachtdienste und anstrengender, freizeitruinierender Wochenenddienste und danach eine zwar einkömmlichere und leidlich angesehene, aber sehr verantwortungsvolle und dadurch hohe Konzentration erfordernde, sehr intensive und kräftezehrende Arbeit im steten Würgegriff der Banken und steter Abzockerei des gierigen Staates, der seine Parteiapparate, Kolonialsoldaten unter US-Befehl, Pfaffen[1], Eurodrohnen,

[1] Der größere Teil der Einnahmen der privilegierten Kirchen kommt **nicht** aus Mitgliedsbeiträgen

Telefonabhörer und sonstigen Spitzel etc. ja bezahlen will (und sehr viel besser bezahlt als z.B. die arbeitsunfähig werdenden oder gewordenen unserer Patienten, die bei der Maloche ihre Gesundheit untergraben haben; faule und parasitäre Existenzen gibt es freilich auch im Volk, nicht nur bei den Großbesitzern und im Staatsapparat, aber sie tauchen in der Arbeitslosenstatistik nicht auf). – Was für uns gilt, gilt ähnlich auch für die nichtmedizinische Hälfte: eine von uns hat nördlich der dänischen Grenze eine ziemlich verantwortliche Stelle als Chemie-Ingenieurin in einem mittelgroßen Unternehmen, eine studiert noch (im 3. Semester) mit dem Berufsziel Steuerberaterin.

Aus diesem Grunde ist uns die von den Umständen erzwungene Unschärfe der Photos natürlich recht; wir hätten ihrer Veröffentlichung sonst nicht zugestimmt, denn wir wollen unsere schon bei geringfügiger Nutzung der sog. »Meinungsfreiheit« und auch sonst vom Staat und seinen angefilzten Sekundärorganen schon genug bedrohte bürgerliche Existenz nicht mutwillig vernichten. Diese aufgezwungene Anonymität, die Möglichkeit zur zusammenhängenden freien Meinungsäußerung nur im fest abgeschotteten Untergrund usw. ist bitter genug, aber leben wir etwa, um zu arbeiten, oder arbeiten wir nicht vielmehr, um zu leben?! Leben ohne Freiheit aber ist die Kosten nicht wert.

Sollen wir uns etwa einreden oder erzählen lassen, stumm und eingeschüchtert immer weiter zu arbeiten, »Wenn-ich-wollte-könnte-ich« zu murmeln und dann irgendwann mit dem Gedanken »Wenn-ich-gewollt-hätte-hätte-ich-gekonnt« ins Gras zu beißen sei besonders schlau, die Selbstopferung für das bloße Vegetieren als leidlich gefütterter, in ein erstickendes Privatleben eingemauerter und ansonsten geknebelter Untertan eine saukluge Rechnung?!? – Nun ist unser Privatleben gar nicht erstickend, es ist im Vergleich zum Bevölkerungsdurchschnitt eher anregend und reichhaltig – aber als ein rein sexuelles wäre es das eben doch, scheußlich erstickend wäre es dann! Ohne freie Meinungsäußerung mit dem Ziel der Ermittlung der Wahrheit gegenüber dem, was Schule und Presse uns eingetrichtert haben und täglich eintrichtern, sowie der von den Machtverhältnissen gelösten rational-moralischen Beurteilung des öffentlichen Geschehens bleibt jede private Freiheit ganz schal; nur auf diesem Hintergrund entfaltet sie ihr Aroma, aber, wenn man persönlich etwas Glück hat, **dann** schon.

Aber auch die sexuelle plus der geistigen Freiheit bleiben als bloße Katakombenfreiheiten wertlose Ersatzbefriedigungen; man fühlt das schnell, so unersetzlich sie als **Grundlage** der öffentlichen (= staatsbürgerlichen) Freiheit auch sind (so grundlegend wie das Gehirn für Vernunft und Phantasie beispielsweise; aber wenn dieses physisch unversehrt gegeben ist, wird es noch lange nicht zielstrebig genutzt). Deshalb betrachteten die Vordenker und praktischen Gründer der Menschenrechte, Meslier, Voltaire, Holbach, Marat und Hébert, das Recht auf freie Meinungsäußerung auch nie als quasi-onanistischen Selbstzweck, über den später die Faschisten spotten sollten (Goebbels: »Die freie Meinungsäußerung ist der Stuhlgang der Seele«), sondern, außer als beste reale Voraussetzung zur Wahrheitsermittlung über beliebige Gegenstände, als wesentliche Grundlage, ja, einziges legitimes Mittel

(»Kirchensteuern«), sondern **unseren**, vom religionslosen arbeitenden Volk erpreßten **gewöhnlichen** Steuergeldern (»Subsidiaritätsprinzip«, ein Erbe des klerikalen Halbdiktators Adenauer); dabei würden allein die Einkünfte aus den vielen, sehr oft steuerfreien **Kapitaleinkünften** der Hitlerkonkordatskirchen aus ihren dreistelligen Kapitalmilliarden ohne alle Mitgliedsbeiträge oder gar Staatsgelder zur fetten Unterhaltung ihres Funktionärspersonals völlig ausreichen.

zur **Beeinflussung der öffentlichen Meinung** (und damit der Gesetzgebung) – damit niemals solche Verhältnisse zurückkehren oder entstehen können wie in unserer Zeit, wo der Staatsapparat und die mit ihm verfilzten und verbündeten Kräfte als einzige die zu pausenlosem Zudröhnen aller anderen genutzte Möglichkeit haben, überhaupt etwas zu äußern (auch wenn er statt Meinungen gewöhnlich nur Lügen – Brutkastenbabys und Massenvergewaltigungen waren z.B. zu 100%, also ohne jeden »wahren Kern«, kalkulierte Lügen – und eiskalt berechnete Suggestionen äußert, dafür aber unisono und permanent), während die zu Untertanen und bloßen Staatsobjekten abgesackten Staatsbürger, also alle, die nicht zum Apparat gehören oder ihm nachplappern, das sogenannte Volk also, seit Brandts Verfassungsbruch vom 28.1.1972 mit der Keule der bürgerlichen Existenzvernichtung in die einsame dunkle Ecke geprügelt werden, wo sie das Maul zu halten haben, bis sie sterben.

Sollen wir unter diesem massiven Druck und Zwang stumm zusehen, wie die letzten Reste privater Freiheit von der Abrißbirne zerhauen werden, deren erste Schwingung die wohleingefädelte Hamburger ›Nackt‹-Ausstellung bildet, nachdem jede öffentliche Freiheit sowieso schon lange den Bach hinuntergegangen ist? – Keine gute Idee, wirklich nicht! Und so haben wir »mutig und listig« ein Zeichen gegen die Zerlügung und Vermuffung gesetzt, auch wenn es uns immer klar war, daß es nur ein Kampf mit einem Streichholz gegen einen gepanzerten Drachen sein konnte.

Aber, um mit Arno Schmidt zu reden: »›Friß Deine Knackwurst, Sklav, und halt Dein Maul!‹ – aber klingt es nicht doch irgendwie unbefriedigend?«!

*N.N., N.N., N.N.* und *N.N.*

## 30 Jahre Baggerseen

Was hat es mit Baggerseen besonderes auf sich? Warum verdienen sie bzw. ihre Nutzung eine allgemeine Betrachtung, wo es sich doch scheinbar nur um eine Freizeitmöglichkeit neben vielen anderen handelt? Diese Fragen könnten sich zumindest einige der sehr jungen Leser stellen; doch hören wir nun den Bericht eines Zeitzeugen, der sich sicher durch viele ähnliche ersetzen oder ergänzen ließe, und die Antworten auf die Fragen werden sich von selbst ergeben.

Vor ca. 30 Jahren herrschte in Deutschland, hervorgerufen durch Vollbeschäftigung und Antibabypille, tatsächlich eine Atmosphäre, in der der drückende Verhüllungszwang der 50er Jahre, dieser genuß- und freiheitsfeindlichsten Zeit, die Deutschland je gesehen hat, etwas gelüftet werden konnte. Ein steigender Prozentsatz des aufgeklärteren Teils der Bevölkerung betrachtete es als sein gutes und wohlerworbenes Recht, seine Sommerfreizeit unabhängig von irrationalen Kleiderordnungen zu verbringen. Testgelände für dieses neue Gewohnheitsrecht waren die Baggerseen. Von einzelnen mutigen Vorreitern erkämpft – wieviel Mut alleine das Baden »oben ohne« für die hier abgebildete Frau erforderte, läßt das Bild nur erahnen – und von Hunderten von »Nachfolgetätern« verteidigt, wurden die Baggerseen und viele Meeresstrände Orte, an denen jeder, der es wollte, angstfrei nackt baden und nackt sein konnte. Keiner war dazu verpflichtet, aber jeder hatte nun erstmals die Chance, das Tabu, das auf der Nacktheit lastete, ohne Einschüchterung und Drohung durch staatliche Gewalt zu brechen.

Hamburger Freibad, 1966 (!)

Was für eine Bedeutung dem Nacktbaden für den Einzelnen zukommt, mag mein eigenes Beispiel verdeutlichen, denn nur wenige Erlebnisse meiner späten Schülerzeit sind mir ähnlich nachhaltig in Erinnerung geblieben, wie das erste Mal Nacktbaden mit Freunden an einem Baggersee. Es war Mitte der 70er Jahre – der entscheidende Kampf um die Nacktbademöglichkeiten war schon abgeschlossen –, als ich von Studenten gefragt wurde, ob ich nicht an einen nahegelegenen Baggersee mitfahren wolle. Obwohl ich noch nie dort gewesen war, ja obwohl, soweit ich mich erinnern konnte, über dieses Thema zuvor noch niemals gesprochen wurde, war ich mir sicher, daß es dort die Möglichkeit geben würde, nackt zu baden. Entsprechend aufgeregt – meine Gefühle schwankten zwischen Ängstlichkeit und freudiger Erwartung – bin ich damals mitgefahren. – Vielleicht gibt es noch den einen oder anderen aus dieser Zeit, der sich an das befreiende, vor allem auch körperlich wohlige Gefühl erinnern kann, das ihn in einer ähnlichen Situation wie der meinigen beflügelt hat, nachdem er die nicht gerade kleine Angst überwunden, seine Kleider ausgezogen und wirklich nackt gebadet hatte. Solche Erlebnisse führen fast immer zu einer ausgesprochenen Steigerung des Selbstbewußtseins und zur Stärkung der eigenen Person.

Sicherlich spuken jetzt dem einen oder anderen die zuvor wie auch heute existierenden FKK-Bäder durch den Kopf. Hier könne doch jeder, der will, völlig straffrei nackt baden:

nur, er **muß** es allerdings auch, denn selbst die kleinste Badehose ist **nicht** erlaubt. Von freier und damit angstfreier Entscheidung kann also nicht die Rede sein. Auch daher die drückende Atmosphäre auf diesen von kleinen Unfreiwilligen verseuchten FKK-Geländen; vor allem Kinder wirken dort häufig eher ängstlich und eingeschüchtert, wenn sie, nicht selten und scheußlicherweise gegen ihren Willen, nackt sein müssen. In Wirklichkeit sind die FKK-Eckchen der 70er und 80er Jahre wieder eine staatlich geförderte Gegenbewegung gegen die erkämpften Freiräume an den Baggerseen und Meeresstränden, an denen zumindest vorübergehend Polizei und Justiz ihren Schweinerüssel raushalten mußten. (Auch die ausgewiesenen FKK-Gelände selbst sind ja nur eine durch die Hitlerei und den nahtlos anschließenden Adenauergestank verzwergte und verklemmte Kompromißgeschichte zur Nacktbadebewegung der Weimarer Republik gewesen, des **tatsächlich** freiesten Staates, den es je auf deutschem Boden gab.)

Also zurück zu den Baggerseen, deren entscheidender Vorteil ja gerade in der Abwesenheit **jeglicher** Kleiderordnung bestand. 15 bis 20 Jahre lang konnte man sich völlig angstfrei nackt an den Seen bewegen, da der Staat in dieser Zeit wegen der großen Zahl der Leute, die bereit waren, ihren errungenen Freiraum auch zu verteidigen, keine Priorität sah, gegen das offiziell nie genehmigte Nacktbaden vorzugehen. Nun waren Störungen durch Agenten der Finsternis, allen voran die Feministinnen und ihre Kavaliere, gegen die neu errungenen Freiheiten an den Baggerseen relativ früh zu bemerken: Zuerst brachten sie ihre Hunde mit, die die Wiesen vollkackten, dann kamen die Schwangeren, die weißgott keinen schönen Anblick bieten, und danach wurden die Seen mit schreienden Kleinkindern überflutet, so daß man kaum noch in Ruhe lesen oder sprechen konnte. Trotzdem habe ich Jahr für Jahr versucht, ein schönes Plätzchen an einem der immerhin fünf Baggerseen in der Umgebung meiner Kleinstadt zu finden, und dies ist mir bis vor etwa 8 Jahren auch immer gelungen.

Zu diesem Zeitpunkt allerdings trat eine entscheidende Veränderung ein: An einem der schönsten Baggerseen, der groß genug war, um der Hauptwiese, die zu dieser Zeit schon vor allem von grillenden und grölenden Familien bevölkert war, auszuweichen und an kleineren Plätzen ruhig zu baden, ja selbst längere Spaziergänge nackt um den See herum unternehmen zu können, standen auf einmal für zwei Drittel des Sees »Betreten verboten«-Schilder an den Wegen. Die schönsten Stellen waren über Nacht zum »Naturschutzgebiet« erklärt worden. In der ersten Zeit hielt sich kaum einer an diese Verbote, selbst als die Wege mit Stacheldraht versperrt waren, zogen wir zu unseren angestammten Plätzen. Doch als uns dann noch ein Wärter mit kläffendem Schäferhund auflauerte und mit der Polizei drohte, mußten wir der Gewalt weichen.

Nun könnte zur Verteidigung dieses staatlichen Übergriffs tatsächlich das mittlerweile so beliebte »Naturschutzargument« ins Feld geführt werden. Zur Beurteilung dieser Frage sei ein weiteres Beispiel aus den traurigen Baggersee-Erfahrungen der letzten Jahre angeführt: Einen anderen im Kaiserstuhl gelegenen Baggersee besuchte ich ebenfalls immer gerne. Umso mehr, als ich dort zum ersten Mal in meinem Leben die zu dieser Zeit in Deutschland schon recht seltenen Laubfrösche (*Hyla arborea*) gesehen hatte. Eine richtige Invasion von winzigen, etwa eineinhalb Zentimeter großen Laubfröschen, die gerade das Kaulquappenstadium verlassen hatten; einige hatten sogar noch kleine Schwänzchen, hüpften dort am flachen Rand des Baggersees entlang. Nicht weit von dieser Stelle entfernt fanden wir in mehreren Tümpeln noch zahlreiche kleine, auch nicht mehr häufig anzutreffende Gelbbauchunken. Der natürliche Bewuchs hatte diesen seltenen Tieren ein Reservat geboten, in dem sie offensichtlich gedeihen konnten, und dies trotz der Nacktbader, die genau diese Stellen als Liegewiese und Weg in den Baggersee nutzten. Ebenso hatten sich Uferschwalben und sogar Kreuzkröten eingestellt. Der See war damals schon einige Jahre hart umkämpft; jede Saison hatte die Gemeinde den Zaun um den See (bei Niederrimsingen im Kaiserstuhl) repariert, und jedes Jahr hatten die ersten Badenden ihn wieder aufgeschnitten. Häufig kamen Polizisten, um an den geparkten Autos Strafzettel zu verteilen. Eines Sommers hatte sogar der Ortspfarrer – wie immer der bösartigste Vertreter der Finsternis – von der Kanzel derartig gegen das Nacktbaden gehetzt, daß seine Schäflein die Autoreifen der Seebesucher zerstachen. Die Pogromisten und ihr Hirte sind nie bestraft worden (»Aufruf zur Gewalt«, »Volksverhetzung« – wie locker sitzt das doch sonst!), hier drückte die Staatsgewalt in gewohnter Parteilichkeit und gegen das Gesetz beide Augen zu. Trotzdem wurde der See Jahr für Jahr von vielen hundert Badenden besucht. Doch nachdem es auf diesem Wege nicht gelungen war, die Nacktbadenden zu vertreiben, ließ die Gemeinde zwei Jahre nach der netten Laubfroschinvasion – diesem für mich bis heute und wahrscheinlich leider auch für immer einmaligen Ereignis – den Baggerseerand an der Liegewiese vollständig abtragen und den gesamten Bewuchs zerstören, so daß eine Ödlandschaft entstand, die von Mensch und Tier gleichermaßen nicht mehr zu nutzen war. Damit war um den Preis eines der letzten Reservate verschwindender Amphibienarten ein weiterer Baggersee für Nacktbadende vernichtet worden. – Wie war das doch gleich mit dem hl. Naturschutz??!

Die Geschichte der staatlich organisierten Zerstörung der Nacktbadegelegenheiten alleine im Umkreis meines Wohnorts ist damit allerdings noch längst nicht abgeschlossen. Als nächstes war ein neben einer Studentensiedlung gelegener und wegen seiner Stadtnähe sehr beliebter See an der Reihe. Im ersten Schritt versuchte die Stadt, am Ufer einen FKK-Teil mit Schildern abzutrennen und am restlichen See das Nacktbaden zu verbieten. Dieser Anschlag konnte jedoch durch eine Plakataktion der BUNTEN LISTE Freiburg zunächst zurückgeschlagen werden.

In der zweiten Runde fanden sich allerdings nicht mehr genug Personen, die bereit waren, einen der letzten Freiräume zu verteidigen, und so wurde das Nacktbaden wenig später dann doch verboten, und zwischenzeitlich wurde und wird der See unter ganz erheblichen Kosten, manchmal, z.B. bei der ›Bundesgartenschau‹, auch dysfunktional, völlig zugebaut.

Daß es sich bei den genannten Beispielen keinesfalls um Zufälle, sondern systematische staatliche Zerstörung von Nacktbademöglichkeiten handelt, soll ein letztes Beispiel veranschaulichen. Einer der letzten Seen, an denen man nach Abschluß der eben aufgezählten Zerstörungen noch nackt baden konnte, lag in einem kleinen Wäldchen, zwar nahe einer Autobahn, aber durch die Bäume vor dem Verkehrslärm leidlich geschützt. Er war aufgeteilt in einen großen Bade- und einen kleinen Naturschutzbereich. Als erstes wurden auf den Zufahrtswegen die obligatorischen Fahrverbotsschilder aufgestellt und saftige Strafzettel verteilt. Als dies nichts fruchtete, wurden die Zufahrtswege mit Schranken verschlossen, so daß längere Wanderungen notwendig wurden, um den See überhaupt erst zu erreichen. Doch diese Schikanen waren erst ein Vorgeschmack: Vor kurzem ließ die Stadt fast das gesamte, den See umgebende Wäldchen **abholzen**, so daß man sich jetzt am See fast wie auf dem Mittelstreifen der Autobahn fühlte. Wie war das nochmal mit dem hl. Naturschutz?! (Die Natur wird immer nur dann als Argument eingesetzt, wenn sie gegen die Freiheit verwendet werden kann.) Zynischerweise erklärte die Stadt dann noch Teile des zerstörten, ehemals hauptsächlich zum Nacktbaden genutzten Geländes dennoch zum Naturschutzgebiet.

Schon dieser kleine, aber exemplarische Ausschnitt – die Vorgehensweise in anderen Städten war parallel – aus der Geschichte der »Baggerseebewegung« und ihrer Zerschlagung zeigt, mit welcher Durchdachtheit, Hartnäckigkeit und Zielstrebigkeit die staatlichen Organe auch die letzten Reservate der persönlichen Freiheit zerstören. Hiermit wird aber auch gleichzeitig klar, daß die Möglichkeiten des ungestörten Nacktbadens an Baggerseen oder vergleichbaren Orten innerhalb eines Staates einen hervorragenden Indikator für die tatsächliche Freiheit einer Gesellschaft abgeben und es damit ermöglichen, die Lippenbekenntnisse von der »mittlerweile so selbstverständlichen Nacktheit in der Öffentlichkeit« und der damit begründeten »Liberalität« der herrschenden Gesellschaft exemplarisch als elende Heuchelei und Lüge zu entlarven.

## Schon wieder »nackt!«, dieses Mal: ›Frauenansichten. Malerabsichten. Aufbruch zur Moderne.‹ (2004)

Gut anderthalb Jahre sind vergangen, seitdem mit ziemlich großem Pomp und Pressewirbel die Hamburger ›Nackt‹-Ausstellung stattfand – unsere wohl-inszenierten Auftritte waren ohne Zweifel ein Stich ins Wespennest und haben den Ausstellungsakteuren so wenig gefallen wie unsere begleitenden Flugblattaktionen. Wenigstens ein bißchen konnten wir also den geplanten Ablauf stören; es ist wahrscheinlich, daß die nachfolgend zunächst eingetretene vergleichsweise Ruhe um das Thema auf unseren Einsatz zurückging...

Den einen oder anderen wird vielleicht unsere seinerzeit gegebene Analyse bezüglich der zentralen Planung der Ausstellung und ihrer ausgefeilt bösartigen Intention erschreckt haben, zeigte sich daran doch allzu deutlich, daß die Herrschenden die nur scheinbar peripher-private Frage der Nacktheit nie aus dem Blick verloren und inzwischen mit Endlösungsabsicht ins Visier genommen haben. Nachdem sich in jüngerer Zeit die Nachrichten über die weiter fortschreitende Zerstörung der letzten Nacktbadeplätze beängstigend häuften [1], findet die Hamburger Ausstellung mit der derzeit (September 2003 bis Januar 2004) im Frankfurter Städel-Museum gezeigten Ausstellung obigen Titels eine weitere traurige und programmatische Fortsetzung. Wieder hat man sich, das heißt in Wahrheit uns Steuerberapper, die Sache einiges kosten lassen. Eigens für die Ausstellung wurden die Galerieräume des ersten Stockes im Städel leergeräumt, nicht gerade unaufwendig neu gestaltet, mit Video-Installationen versehen und angestrichen, ausdrücklich, um die Wirkung der Bilder, die aus zahlreichen Museen ganz Europas und den USA zusammengetragen wurden, zu erhöhen. Wieder gibt es einen schicken Hochglanzkatalog und ein entsprechendes Ausstellungsbegleitheft, diesmal finanziert von der ›Hessischen Kulturstiftung‹. Wieder ist dank Presse und organisierter Besucherrekrutierung – z.B. werden reichlich Schülergruppen durchgeschleust – die Ausstellung sehr gut besucht.

Ich war also vorgewarnt, und so machte ich mich an einem freien Vormittag mit gemischten Gefühlen auf den Weg. Diese waren noch durch den im Untertitel zur Ausstellung und entsprechende Presseartikel deutlich avisierten feministischen Beigeschmack verstärkt worden. So schreibselte der Feuilletonist der SÜDDEUTSCHEN ZEITUNG (2./3. Oktober 2003): »Drei nackte Damen bieten dem Besucher ihre Reize dar (...) Sie sind drei Großen Meistern begegnet: Cézanne, Degas, Caillebotte. Einst haben diese Kerle die Schönen in ihr Atelier geluchst, Gott weiß, mit welchen Mitteln (...)« Renoirs ›Nymphe am Bach‹ zeige eine Frau, »Modell und Geliebte eines Malers, der sie vor kurzem geschwängert hat«. Der Tenor ist deutlich und schmuddelig genug, die zur »Ansicht« stehenden nackten Frauen trugen angeblich vor allem den Absichten und Begierden der Maler Rechnung, na und das soll die Moderne werden...

[1] Wir berichteten in KB 116.

Die Ausstellung zeigt dann bis auf wenige Plastiken ausschließlich Gemälde, die aus der Zeit von etwa 1880 bis in die dreißiger Jahre des 20. Jhs. datieren. Zu sehen ist eine stattliche Anzahl von Bildern namhafter Künstler, wobei jeder mit nur einem oder wenigen Werken vertreten ist, neben den oben genannten z.B. Henri Matisse, Edvard Munch, Ernst Ludwig Kirchner u.a. Den Bildern ist gemeinsam – sie wurden also unter diesem Aspekt aus dem Gesamtschaffen der entsprechenden Maler ausgewählt –, daß in der Regel die Darstellung einer nackten Frau im Zentrum steht, zumeist in einem als Kulisse fungierenden abgeschlossenen Raum, also ohne direkten Bezug zur Außenwelt. Das ist natürlich ein **sehr** enger Auswahlaspekt; noch enger, enger sogar als in Hamburg, wird er dadurch, daß Vertreter des Symbolismus wie des an ihn anschließenden Jugendstils im weitesten Sinne merkwürdigerweise ausgeschlossen blieben – darüber später mehr.

Nun spricht grundsätzlich von vornherein zunächst nichts gegen eine solche porträtierende Darstellung von Aktmodellen, und sie ist den Künstlern ebensowenig anzulasten wie mangelnde Schönheit oder Ästhetik bei einem Teil der dargestellten Modelle. Egal, was auch immer Grund oder Absicht dafür war, mitnichten sind diese rechtfertigungspflichtig. Sei das Motiv eine mögliche persönliche Verehrung oder Zuneigung, ein offenes Bekenntnis zur Sinnlichkeit und Schönheit (z.B. Auguste Rodin) – was ist daran schlimm? –, das Experimentieren mit Körperdarstellungen verbunden mit einem Bruch von Konventionen überkommener akademischer Malerei (z.B. Edgar Degas) oder sei es eine gesellschaftliche Anklage durch die Darstellung eines die ganze Person ergreifenden, sozusagen nackten Elends (u.a. Otto Dix) oder Provokationswille und Aufbegehren gegen prüdes, sexualverlogenes Spießertum (z.B. Egon Schiele). Allerdings sind die Bilder meines Erachtens in mißbräuchlicher Weise aus dem Zusammenhang des Schaffens der einzelnen Künstler herausgerissen worden, um sie unter obiger feministischer Überschrift abbuchen zu können. Die damit suggerierte inhaltliche Homogenität der angeblichen Malerabsichten entspricht sowenig der Realität wie die dadurch nahegelegte bezüglich des gesetzten zeitlichen Rahmens, gab es doch eine wesentliche Entwicklung in dieser Zeitspanne, die durchaus bemerkenswert ist: Das letzte Drittel des 19. Jhs. brachte als Schattenseite und Bedingung einer wissenschaftsbegeisterten bürgerlichen Spätphase eine erdrückende Prüderie und Sexualunterdrückung hervor, man denke beispielsweise an den abscheulichen Prozeß gegen Oscar Wilde. Um eine Vorstellung davon zu bekommen, wie existentiell vernichtend die Kontamination mit dem Odium sexuale im ausgehenden 19. Jh. war, stelle man sich für die heutige Zeit entsprechend einfach einmal die Stigmatisierung mit dem Faschisten- oder Sektenetikett vor! Die Darstellung des nackten Körpers mit zudem unkonventionellen Malmethoden war in dieser Zeit vor allem **mutig** (statt geil, wie uns feministelnd vermittelt werden soll), und der fehlende Bezug zur Öffentlichkeit, d.h. die geschlossenen Räume um die nackten Frauen, spiegelt die Schutzbedürftigkeit der Nacktheit in dieser Zeit wider; wird dieser Schutz gewährt, so erwacht, an etlichen Bildern durchaus sichtbar, zaghaftes Selbstbewußtsein.

Und hier kommen wir wieder zurück auf den Entstehungshintergrund der ausgewählten Bilder. Sie alle – in tiefem Gegensatz zu allem auch nur entfernt »Symbolistischem« – scharen sich in irgendeiner Form unter dem Banner des »Realismus«, der sorgfältigen Verbannung der Phantasie, der gewissenhaften Abbildung der Wirklichkeit, mit anderen Worten: der **Wahrheit**. Damit sucht die Kunst Schutz bei der zwangsweise anerkanntesten Größe ihrer Zeit – den Zwang dazu, gegen die grummelnd und maulend zurückgedrängte Religion, liefert die wirtschaftliche und militärische Konkurrenz der neuen, souveränen Nationalstatt Feudalstaaten untereinander –: bei der Wissenschaft. Diese hat die Wahrheit strukturell und wesenhaft zum Ziel, zum grenzenlosen Ärger aller offenen und getarnten Religionsvertreter, und aufgrund des physikalischen Prinzips der »universalen Wechselwirkung« findet sie sie früher oder später auch immer heraus; sagt sie einmal etwas Falsches, so hat sie sich entweder nicht an ihre Prinzipien gehalten (gewöhnlich, weil sie Ideologie durchsickern ließ), oder sie hat sich geirrt; im ersten Fall war es also keine Wissenschaft, im zweiten wird der Irrtum nach einer Weile korrigiert und eben doch durch die Wahrheit ersetzt. Die Religion und ihre unzähligen Tarnableger sind dagegen wesenhaft Lüge; äußern sie wundersamerweise und als Rarität doch einmal eine wahre Aussage, so handelt es sich um das zufällige Korn des sprichwörtlichen blinden Huhnes. Die Wissenschaft schmeckt ihnen darum ganz und gar nicht; denn weil diese bei ungebrochenem Einsatz **immer** die Wahrheit herausfindet, die zu den Aussagen der Religion wiederum in schreiendem Gegensatz steht, macht sie jene als Lüge erkennbar, bestenfalls als haltlose Phantasie.

Das erleichtert das Regieren nicht gerade; aber der Systemzwang ist unerbittlich, er hat schon mit der Reformation angefangen. Gibt auch nur **ein** Fürst der Wahrheit mehr Raum als sein Nachbar, so bekommt er zwar aufsässigere Untertanen als jener, aber auch wirksamere Kanonen und besser genährte Soldaten – mit der Wahrheit über die Natur läßt sich aus dieser einfach mehr herausholen als mit Ideologien, und trotz aller Anstrengungen läßt sich das Prinzip der Wissenschaft, und damit der Wahrheit, gar nicht so leicht thematisch beschränken, wenn man sich einmal zu seinem Schutz entschlossen hat; gäbe es heute noch die militärische Konkurrenz ohne Wenn und Aber souveräner Staaten, dann ginge die Wissenschaft nicht zurück, und die Pfaffen müßten sich beim Warten auf die fette Staatsknete und steuerfreien Megagrundbesitz noch gedulden.

Dieser mit der Reformation einsetzende und seit Errichtung des weltweiten Imperium Americanum wieder absterbende Prozeß erreichte im 19. und frühen 20. Jahrhundert seinen Höhepunkt, und daran setzen die ausgestellten Künstler an: auch sie fordern angelehnt an die Wissenschaft, so wie diese unter dem Schutz erst absolutistischer, dann bürgerlicher Herrschaft gegen die Religion, für ihre Zwecke gegen den bürgerlichen Verdrängungskodex Freiheit für die Wahrheit. Darum leiten sich alle Künstler, auch wenn sie nicht unmittelbar mimetische Darstellungsmittel benutzen wie die Impressionisten[2] und später die Expressionisten, vom **Realismus** ab: es **gibt** diese Dinge, also muß man sie auch **abbilden** dürfen – genauso, wie die Wissenschaft alle Dinge beschreibt und abbildet, auch wenn sie dadurch bei dieser Gelegenheit der religiösen Ideologie den Boden unter den Füßen wegzieht oder, sekundär freilich, gegen bürgerliche Verdrängungsforderungen verstößt. Die berechtigte Berufung auf die Wahrheit verleiht ihr Schutz, und mit derselben Begründung fordern wir, die realistischen Künstler, ihn auch.

Was dieser Schutz bedeutet, illustriere ein Beispiel aus der übelriechendsten und niedergedrücktesten Zeit unseres Landes: als Drucker eines wissenschaftlichen Verlages wegen Termindrucks eine Sonderschicht einlegten, nahmen Adenauers stets schnüffelnde und neugierige Sexualschergen sie fest, im Glauben, sie bei der Herstellung von »Pornographie« ertappt zu haben. Erst als sich nach recht geraumer Weile herausstellte, daß die Drucker

[2] Zum realistischen, quasi-wissenschaftlichen Charakter des Impressionismus, dem es um die darstellerische Objektivierung des weder ideologisch noch situativ überlagerten Wahrnehmungsvorganges ging, siehe AVEnz (Internet) s.v. ›Impressionismus‹.

ein *gynäkologisches Lehrbuch* produziert hatten, wurden sie wieder freigelassen. Also: die Bilder waren dieselben, aber der Schutz bzw. die anerkannte Schutzbehauptung der Wissenschaft entschied über soziales Sein oder Nichtsein der mit ihrer Herstellung Befaßten. Das ist nicht wenig; noch der zeitgleich schreibende Arno Schmidt berief sich unter dem schwarzen Stinkediktator von Uncle Sam's Gnaden bei der Niederschrift *politisch* oppositioneller (nämlich sehr gemäßigt prokommunistischer) Äußerungen, die er Lkw-Fahrern, Arbeitern o.ä. in den Mund legte, auf das realistische Credo (»die reden so«) – und wurde, wenn auch mit gebremstem Schaum, dafür leidlich in Ruhe gelassen.

Nun hat der Realismus gegenüber dem, was hier – als weitgehend ausgemerztes Element der Ausstellung – im weitesten Sinne Symbolismus genannt werden soll, einen Haken: um seiner eigenen Wissenschaftsanlehnung folgen zu können, muß der Realismus die Phantasie verbannen, er darf nichts zeigen, was es nach Ansicht des Künstlers geben **soll**, sondern nur, was es nach Wahrnehmung desselben **gibt**. Und **das** ist nun, gerade in der Zeit, die hier vorgeführt wird, speziell auf dem Felde der Sexualität, damit auch des Sexuallebens, der sexuellen Anregung und Wahrnehmung usw., sehr verängstigt und kümmerlich, gedrückt und geschrumpft, verdrängt, bedrängt und von Schmutz bedroht. Genau diese Empfindung vermitteln die ausgestellten Bilder auch, aber dies *ausschließlich*, weil sie aus ihrem historischen und sonstigen künstlerischen Zusammenhang gerissen sind. Wollten sie doch nur – zu ihrer Zeit – abbilden, **was ist** – und darum keineswegs ausschließt, Sprungbrett zu etwas Besserem werden zu können, **was ja auch eintrat** –, so wirken sie jetzt wie eine Abbildung dessen, was unentrinnbar **so sein muß** – denn die Abbildung jeder Alternative, sei sie zeitgleich in der Phantasie oder wirklich in der Nachfolgeepoche, wird ja von der Ausstellungsleitung fleißig und ausdauernd unterdrückt.

Waren die »Realisten« deshalb Reaktionäre, standen sie im Dienste des tötenden »Gefressen-wird-was-auf-den-Tisch-kommt«, nur weil sie sich konsequent weigerten, die Vorstellung eines Besseren als des wahrnehmbar Bestehenden abzubilden? – Die Gefahr bestand gewiß, aber sie trat nur selten ein, das zeigt schon die – durchaus unfehlbare – Reaktion der authentisch reaktionären Zeitgenossen auf die entsprechenden Künstler; der Effekt war gewöhnlich ein ganz entgegengesetzter, und wir **können** ihn verstehen. Sehr schöne, sehr attraktive, ganz und gar unbeschmutzte, unbedrohte und unterwerfungslose Nacktheit in der Kunst gab es im 19. Jahrhundert in großer, abgesehen von der Renaissance, die unverkennbar als Anknüpfungspunkt diente, sogar rekordhafter Menge, man denke nur an gewisse Bilder der Präraffaeliten, des Jugendstils und des unvergleichlichen, heute so gehaßten und in den Dreck getretenen Moreau; aber *einen* Nachteil hatten sie eben doch, sie waren erkennbar Phantasien, ihr Reich war programmgemäß nicht von dieser Welt, und deshalb erleichterten sie auch den Gedanken – welchem die reaktionärsten ihrer Vertreter auch bisweilen zum Opfer fielen, und das war nicht *ganz* selten –, daß das Bessere auch auf ewig Phantasie bleiben, niemals in diese Welt Einzug halten müsse, Phantasie und Verwirklichung ruhig kategorial in bestem »bürgerlichen« Gewissen getrennt bleiben dürften, ohne daß dies sonderlich anstößig sei. Genau **dagegen** haben sich die »Realisten« gerichtet; wenn in dem (recht guten) Spielfilm über Toulouse-Lautrec einer seiner studentischen Mitstreiter gegen die »akademische« (d.h. ungefähr der banaleren Variante des hier definierten »Symbolismus« entsprechende) Malerei protestiert, indem er vor einem ihrer großformatigen, durchaus angenehm anzuschauende nackte Figuren präsentierenden Gemälde zu onanieren vortäuscht (und natürlich damit ein für allemal von der Akademie fliegt), so bringt er damit die genannte Kritik der »Realisten« (wie z.B. Toulouse-Lautrec) an einer Kunst zum Ausdruck, die die Phantasie so wohlfeil von der praktischen Durchführung ausschließt: reine Wichserei, gar kein *locus standi* für jeden gesellschaftlichen Archimedes – auch für einen, der die Sexualunterdrückung und Sexualerniedrigung aus den Angeln heben will!

Wieviel wertvoller ist hingegen deren unverzerrte Abbildung aus der Realität (das hat ja Toulouse-Lautrec fast ein bißchen *zu* umfangreich geleistet, ein typisches Krüppelprivileg, aber auf jeden Fall meisterhaft und ohne Zeigefinger, eben »realistisch«), des weiteren **jede** Abbildung der geleugneten Sexualität aus der gegebenen Wirklichkeit: und siehe da, vielleicht findet sich ja irgendwo in dieser Wirklichkeit doch ein Eckchen, aus dem heraus die zertretenen und versauten Wahrnehmungen wieder geheilt und entschmutzt werden können, die soziale Angst ihre Allmacht verliert und der Verleugnung die Stirn geboten wird; und genau so sind die von den heutigen Kräften der Finsternis für ihre Zwecke eingespannten subjektiven Erkundungen der alten »realistischen« Maler zum Mißfallen der zeitgenössischen Kräfte der Finsternis auch verlaufen, »Maler und Modell« bekamen einen winzigen, stereotyp inselhaften und etwas skurrilen sowie leider auch etwas anrüchigen, aber unbestreitbaren gesellschaftlichen Platz. Natürlich spiegelte dieser die höchst empfindlichen Mängel jener Gesellschaft wider, die ihn einzuräumen geruhte; aber so sehr sie sie zurückgespiegelt bekam – in Gestalt gesellschaftlich bedingter, eben »realistisch« abgebildeter Körpermängel wie durch lückenlosen Bekleidungszwang weißlich-schlapper Haut, Fettablagerungen, die eiweißarme und kohlenhydratreiche Ernährung und erzwungenes Herumsitzen verrieten, vermeidbare Mängel der Brustform usw., die wir zumindest in der Tendenz bei fast allen abgebildeten Frauen dieser Zeit finden, von möglichen Korsettschäden, arbeitsbedingten oder rachitischen Deformationen und unterdurchschnittlicher Körpergröße gar nicht erst zu reden –, so sehr bedeutete das Bekenntnis zur privaten sexuellen Wahrnehmung, die grundsätzlich den meisten Menschen zugänglich war, wenn sie sich nur vor dem Standesamt hüteten, einen Fortschritt über deren geforderte Verleugnung, wie sie den untilgbaren Makel aller auf niedrigem Stand der Produktivkräfte angesiedelten Demokratien oder überhaupt Gesellschaften mit Rechtssicherheit als ewiger Pferdefuß anscheinend ausmacht. Aber wachsender Stand der Technik, explosiv steigende Arbeitsproduktivität relativierte auch diesen Fluch: Frauen wurden wieder zu Menschen, sogar Staatsbürgern und Berufsprofis (nichts anderes ist der Gehalt und das geheime Versprechen der Feen, Waldprinzessinnen und Göttinnen des besten Symbolismus), und so jämmerlich winkelig der zwangsweise in äußerste Privatheit abgedrängte Ausgangspunkt, dessen erstickende Mängel die Frankfurter Ausstellung hämisch und projektiv (»feministisch«) verfälschend präsentiert, auch gewesen war, so sehr sich in seiner »realistischen« Wiedergabe gesellschaftlich erzwungene Mängel niederschlagen, etwa geschlechtstypische Abstände des Bildungsniveaus und dadurch gravierende Kommunikationshindernisse – sowie überhaupt die schrecklich stinkende Scheiße geschlechtsgebundener Rollenerwartungen –, ein Anfang war gemacht, eine Bresche geschlagen, es konnte aufwärts gehen, und das tat es dann auch.

Denn mit dem Erstarken der Arbeiterbewegung, das heißt dem Kampf für gesellschaftliche Lösungen individueller Misere und dem damit gewachsenen durchschnittlichen Selbstbewußtsein durchaus breiterer Schichten des Volkes, fand die Nacktheit Anfang des 20. Jhs. erstmals den Weg in die Öffentlichkeit, wahrnehmbar vor allem an der aufkommenden Nacktbadebewegung. Dem trug insbesondere die Malerei fortschrittlicher expressionistischer Künstler Rechnung, z.B. der Maler der ›Brücke‹, die nackt Badende an öffentlichen Seen darstellten[3]. Entsprechende Bilder wurden in der Ausstellung auffälligerweise gezielt ausgespart, wobei das Absichtsvolle dadurch deutlich wird, daß der selbstgewählte Zeitrahmen der Ausstellung ja genau diese Zeit einschließt. Diese entscheidende historische Entwicklung und Aufbruchstimmung wird schlichtweg geleugnet, denn die Auswahl der Bilder hat für die gesamte Zeit von 1880 bis in die 30er Jahre des 20. Jhs. immer den fehlenden Öffentlichkeitsbezug zur Bedingung.

Wurden in der Hamburger Ausstellung unter der verlogenen, unausgesprochenen Überschrift »Nacktsein immer und heute kein Problem« in sammelsuriumartiger Zusammenstellung von Kunstobjekten aller Zeiten, das heißt von der Antike bis in die unmittelbare Gegenwart, zielsicher alle Zeugnisse der wenigen hoffnungsvollen Geschichtsabschnitte, in denen das Nacktheitstabu Risse bekam und zu erodieren begann, ausgespart und verschwiegen – erstens wiederum das beginnende 20. Jh. bis zum faschistischen Vernichtungsschlag, zweitens die an dieser Stelle direkt an die Weimarer Zeit anknüpfende DDR (freilich eher vom Volk gegen eine kleinbürgerlich-spießige SED ertrotzt, als von dieser aktiv gefördert) und drittens vor allem die an dieser Stelle beste Zeit, die es je gegeben hat, die Zeit der sogenannten Studentenbewegung in der BRD –, so setzt die Frankfurter Ausstellung dieses Konzept damit bruchlos fort. Dabei rückt letztere den Bruch des Nacktheitstabus in subjektiv noch weitere Ferne: Die Entstehungszeit aller gezeigten Bilder liegt recht lange zurück, und zum anderen findet die Nacktheit ausschließlich im Dialogkontext von Kunstschaffenden und Modellen statt. Man schaut Kunstwerke vergangener Zeiten an – mit einem selbst hat das nur wenig oder nichts zu tun –, und dabei soll einem noch der eingepfiffene Feministendreck, mit dem die Künstler beschmiert werden, im Kopf bleiben.

Selbst die ruhige Kunstbetrachtung gelingt vor diesem Hintergrund nur schwer, denn so richtig ausblenden kann man diesen Dreck nicht. Nun, ich hatte viel Zeit, und da die Bilder mitnichten irgendwelche frauenunterdrückerischen Malerabsichten hergeben, stellte sich nach einer Weile dann doch eine gewisse Entspannung bzw. Gefallen und Interesse an den Bildern ein, ein Eindruck, den ich durchaus auch von anderen Besuchern hatte.

Genau zu diesem Zeitpunkt folgt der gezielte Schlag auf den Kopf! Hinterläßt der bereits beschriebene erste Teil der Ausstellung aus den genannte Gründen zumindest einen zwiespältigen Eindruck, so gewinnt das Ganze erst durch den widerlichen Schlußakkord seine volle ausgeklügelte, wirklich ekelerregende Infamie. Überschrieben ist dieser mit einem programmatischen Satz des begleitenden Kurzvideos, welches der Besucher schon in den abzweigenden Nebenräumen der Ausstellung zwischendurch anschauen kann. Nachdem mit der Erwähnung der Kunstvernichtung durch die Nazis der zeitliche Rahmen der Ausstellung beendet sei, werde, so der Videokommentar, mit zwei modernen Kunstwerken der Bezug zur Jetztzeit hergestellt und mit diesen **DIE KÖRPERLICHE UNVERSEHRTHEIT EBENSO IN FRAGE GESTELLT WIE DAS EUROPÄISCHE KÖRPERBILD**.

Und diese Drohung wird wahr gemacht! Am Ende der Ausstellung schließt rechts und links je ein Raum sackgassenartig an den Rundgang an, was heißt, daß jeder Besucher am Ende zwangsweise darin steckenbleibt und folgendes erblicken muß: Das erste Machwerk von einer gewissen Sophie Ristelhueber ist betitelt mit ›Every One #14‹ aus dem Jahr 1994 und besteht in einem wandfüllenden überdimensionierten Photo mit der Rückenansicht

[3] Bildbeispiele hierzu finden Sie in KB 106 abgedruckt.

einer Frau, deren Wirbelsäule über die gesamte Länge mit einer gräßlichen dicken Naht versehen ist.

Man steht geschockt und fassungslos davor. Der unmittelbaren Wirkung – durch die Verbindung zwischen Nacktheit und Verletzung, Schmerz und Gewalt – kann sich niemand entziehen und soll es auch nicht! Vollkommen treffend konstatiert der Ausstellungskatalog dazu: »Deshalb setzt die gigantische Narbe auf dem Rücken einer Frau Assoziationen frei zu den Gewaltakten (...)« Weiter unten heißt es dann verlogen weiter: »Erleichtert erfahren wir von der Künstlerin, daß die Photografie in der Pflegestation eines Pariser Krankenhauses aufgenommen wurde, keine aggressive Handlung hat diese Frau gefährlich an der Wirbelsäule verletzt, die Narbe schließt eine Operationswunde. Der Heilungsprozeß hat eingesetzt, die junge Frau ist stolz auf ihre Schönheit und steht kurz vor der Hochzeit.« (Welche Schönheit?! Na, für die Hochzeit wird sie wohl reichen...) Dieser angebliche »Trost«, daß das Ganze Ergebnis einer Operation und nicht eines Menschenversuches oder Vergleichbares ist – mein erster Gedanke war der an entsprechende Photos aus dem faschistischen Konzentrationslager in Ravensbrück –, ist erstens keiner, denn **gewirkt** hat das Photo ja lange vor der Lektüre des Kataloges (was ohnehin nur einen Bruchteil der Besucher betrifft), und zweitens ist die Narbe deshalb **nicht** schöner. Stolz hin, Hochzeit her, entscheidend ist die Verstümmelung – genauso wie eine Brustamputation wegen Brustkrebs am Ende nicht schöner aussieht als bei Folteropfern, auch wenn die Intention in beiden Fällen eine entgegengesetzte gewesen war. Man empfindet bei diesem ersten Sprung in die Jetztzeit die Drohung im unmittelbar körperlichen Sinne unmißverständlich: **Du sollst dich nicht sicher wähnen, die Gewalt lauert!**

Das zweite Machwerk setzt dieser Wirkung noch eine drauf. Man betritt ohne Vorwarnung oder Erläuterung einen recht kleinen, völlig dunklen Raum. Die gesamte Frontwand ausfüllend läuft ein sich ständig wiederholender, etwa 10minütiger Videofilm, während gleichzeitig weitere Videos über aufgestellte Geräte in Fernsehapparatgröße auch an allen anderen Wänden abgespielt werden. Der Besucher steht also mitten drin und ist sofort von dem großformatigen Film in Beschlag genommen. Man erfaßt sehr schnell, daß hier mit versteckter Kamera gefilmt wurde, da die Sichtrichtung von schräg unten, wie von einem unter Sitzen angebrachten Gerät aus, verläuft. Gefilmt werden nackte Frauen in einer Badeeinrichtung beim Duschen oder anderer intimer Körperpflege. Die Frauen sind zu über 90 Prozent sehr alt bis uralt, ihre Haut hängt in Lappen und völlig runzelig am Leib, die Genitalien, durch die von unten ansetzende Blickrichtung z.T. sehr nah zu sehen, sind gruselig zusammengesintert, z.T. können die Frauen sich nur sichtlich bemüht auf den Beinen halten. Daneben sind extrem dicke Frauen zu sehen, bei denen die Fettringe überall, u.a. über die Genitalien hängen – mit einem Wort scheußlich!! Man denkt an eine Badeeinrichtung eines Altersheimes oder einer Psychiatrie und ist erneut völlig schockiert und entsetzt. Ich war sprachlos. Ähnlich ging es anderen zeitgleichen Besuchern, etliche verließen sichtlich unangenehm berührt und geradezu panikartig den Raum. Die Schüler einer Gruppe, die während des begleitenden Lehrerkommentars im Raum ausharren mußten, schauten z.T. gezielt weg auf den Boden und kommentierten das Gesehene mit Äußerungen wie: »Oh, ist das ekelig!« oder »Warum sind das denn alles nur Alte?« Als die Lehrerin endlich fertig war, verließen auch sie fluchtartig den Raum. Interessant waren die Kommentare der Lehrerin, die offensichtlich die Ausstellung bereits kannte und ohne Zweifel geschult war, da sie meinen subjektiven Eindruck objektivieren und das Absichtsvolle der Installation belegen.[4] So stellte sie gleich am Anfang fest, daß die alten ausgemergelten Körper an KZ-Aufnahmen erinnern würden, was mir ganz genauso ging; falls irgendeinem ihrer Schüler vorher nicht, so spätestens nach ihrer Äußerung. Später lenkte sie die Aufmerksamkeit der Schüler auf die Tatsache, daß die einzigen jungen Körper, die gefilmt wurden, »verhüllte« waren. Tatsächlich tauchen an zwei Stellen im Video junge, schlanke Frauen auf. Eine ist ganz kurz im Hintergrund mit dem Oberkörper aus einem Badebecken schauend mit einem schwarzen Bikinioberteil bekleidet zu sehen, welches sie dann auszieht und sofort untertaucht. Die kurzzeitig nackte Brust wird also ganz schnell wieder versteckt, als eine Art belastendes *corpus delicti*. Die andere jüngere Person ist länger im Vordergrund zu sehen und leistet einer greisen Frau Waschhilfe. Sie hat demonstrativ einen grauschwarzen Badeanzug an. Die Botschaft ist eindeutig, die Formulierung des Verhüllens bezeichnend. Wer jung und schön ist, wer also aus seinem Nacktsein ein berechtigtes narzißtisches Empfinden ableiten könnte, dem soll genau das nicht zugestanden werden. Wer alt und unansehnlich ist, darf zu seiner Pein(lichkeit) und zur Abschreckung anderer der Öffentlichkeit präsentiert werden – und das auch noch ohne sein Einverständnis, eine zusätzliche Schweinerei! (Wo bleibt denn **hier** das Recht auf das eigene Bild?) Der Fakt, gegen seinen Willen beobachtet zu werden, insbesondere wenn man nackt mit sich beschäftigt ist, löst angstvolle Assoziationen aus, verstärkt dadurch, daß die gezeigten Personen durch Alter und Unansehnlichkeit verletzlich wirken. (Würden mit gleicher versteckter Kamera junge, schöne Menschen gezeigt werden, wäre die Frage des Rechtes auf das eigene Bild natürlich genauso zu stellen, die subjektive Wirkung

[4] Da tönt es wieder, das uralte Pfaffenlied: alles Fleisch ist wie Gras, nicht wahr, und lamaistische Novizen kriegen schon im Kindesalter unermüdlich die »Meditationsaufgabe« gestellt, sich den Alterungsprozeß einer zunächst schönen Frau (immer nur Frau?) an deren phantasiertem nackten Körper auszumalen. Ob in Kutte oder fdGO-Beamtenzivil: nichts Neues unter der Sonne...

auf den Betrachter wäre aber in der Summe trotzdem eine eher angenehme. Dieser könnte unter der Voraussetzung erfreulicher Anblicke leicht die Position zum schaulustig Neugierigen wechseln, außerdem regt der Anblick ansehnlicher Menschen Phantasien und Wünsche bezüglich der eigenen Person an, wirkt also stärkend auf diese.) Hören wir noch den bezeichnenden Kommentar aus dem Katalog zu dieser wohl rekordhaft scheußlichen sogenannten Videoinstallation (5 andere Videos in Fernsehgröße zeigen parallel weitere Lokalitäten der Anstalt) von Katarzyna Kozyra (›Badehaus‹, 1997): Es handelt sich um ein öffentliches Damenbad in Budapest, in welchem tatsächlich ohne Wissen der Beteiligten gefilmt wurde, angeblich um – ausgerechnet! – »meditative Ruhe und Selbstvergessenheit« der Frauen zu zeigen. Junge Frauen baden wohl nicht? Die angeblichen Zufallsaufnahmen sind mit Sicherheit keine, sondern gezielt unter dem Aspekt der Häßlichkeit und Abstoßung ausgewählt und zusammengeschnitten, denn auch die Budapester sind nicht zu über 90 % dick und alt. Die Kritik an der durch die Betroffenen nicht freigegebenen Filmung soll laut Katalog einige Diskussionen der Art ausgelöst haben, ob »die Künstlerin dadurch die Frauen nicht genauso zum Objekt [macht] wie der männliche Blick es in der Kunstgeschichte getan ... ?« Pfui Teufel! – Welch üble Beschmutzung, die in gleicher Ausstellung gezeigte Kunst eines Gustav Klimt, Max Beckmann oder jedes anderen Künstlers auf eine Stufe mit diesem Machwerk einer durch Steuermittel hochgepuschten, finstersten Ungeist ausdünstenden Feministin zu stellen! Ausnahmslos jedes Bild im ersten Teil der Ausstellung hat das Programm der Menschenwürde – und dieses ist nicht geteilt nach Geschlechtern – bzw. das Einklagen desselben zum Thema; ausschließlich die beiden neuzeitlichen Schlußakkorde stehen unter gegenteiliger Zielsetzung.

Fassen wir zusammen: Die Hamburger ›Nackt‹-Ausstellung findet in der Frankfurter ihre stringente Nachfolge und Verschärfung. Wurde bei ersterer noch unter der Überschrift ›Nackt‹ das angeblich Problemlose dieses Zustandes geheuchelt, steht bei der derzeitigen die offene Drohung deutlich im Vordergrund. Bei dieser Gelegenheit werden erneut mittels bewußter Geschichtsklitterung die ersten Emanzipationsbestrebungen des Volkes am Anfang des 20. Jhs., die erstmals den Bruch des Nacktheitstabus in der Öffentlichkeit zur Folge hatten, ebenso getilgt wie die genannten zeitlich späteren und noch weitergehenderen. Die Vorgehensweise ist identisch und wurde mit Sicherheit von beauftragten Psychologen ausgeklügelt. Das Mittel ist da wie dort die Kontingenz. Die Nacktheit, die im ungestörten Fall ein zentrales, mit anderem nicht ohne weiteres vergleichbares körperliches Integritätsempfinden auslösen kann, wird durch gleichzeitige Präsentation von Scheußlichkeiten, im besonderen mit Verletzung, Gewalt und Verfall und dadurch mit Angst, so stark kontaminiert, daß erstes nicht mehr denkbar ist ohne zeitgleich zweites zu aktivieren – ich bin sicher, daß jeder, der sich an die Ausstellung im Städel erinnert, unweigerlich und sofort die Videobilder bzw. die Riesennarbe vor Augen hat.

Obwohl ich durch die Hamburger Vorerfahrung gewappnet war, ging es mir so, daß ich nach den letzten Räumen der Ausstellung diese mit einem würgenden Gefühl fluchtartig verlassen habe. Noch beim Schreiben besonders des zweiten Teils dieses Kommentars meldete sich eine deutliche Unruhe und geradezu körperlicher Ekel – ein persönlicher Beleg dafür, wie nachhaltig und gezielt diese Wirkung beabsichtigt ist. Die Ausstellungsinitiatoren wissen, was sie tun – es geht um die Zerstörung der letzten noch verbliebenen Errungenschaften besserer Zeiten sowie die Erinnerung an diese, die im besten Fall Anknüpfungspunkt und Ermutigung für geknebelte Individuen mit Restfreiheitswillen sein könnten. Die

Brutalität und Entschlossenheit, mit der sie dieses Programm verfolgen, läßt erschauern. Das Durchschauen dieser finsteren Absichten verbunden mit einem gezielten Gegenprogramm – sei es individuell oder, wenn es gefahrlos möglich ist, öffentlich – ist die einzige Möglichkeit des Selbsterhaltes in einer zunehmend erdrückenden Welt.

Ich habe diesen Bericht in meiner von Vermieter- und Nachbarstörungen sicheren eigenen Wohnung nackt geschrieben. Und danach sorgte ich noch zur Fortsetzung für ein mittelgroßes, außerordentlich angenehm verlaufendes und keineswegs billiges (aber in den Kosten noch weit unter einem eher bescheidenen Teuro-Restaurantbesuch der gleichen Personenzahl liegendes) Abendessen unter meinen guten Freunden... ohne praktisches Gegenprogramm geht man ein, aber Intelligenz und Zielstrebigkeit lassen sich zu wirksamen Verteidigungswaffen hochzüchten.

P.S.: Die Leser kennen mich schon vom oben abgebildeten Titelblatt dieser Zeitschrift als Hauptperson – aus guten Gründen gesichtslos, aber alles andere als willenlos.